CLAUDIA KLÜTSCH • DIRK HÖNER

Von einem kleinen Zettel, der in einem Herrenhemd um die halbe Welt reiste und unser Leben für immer veränderte

CLAUDIA KLÜTSCH
DIRK HÖNER

Von einem kleinen Zettel, der in einem Herrenhemd um die halbe Welt reiste und unser Leben für immer veränderte

Eine wahre
Freundschaftsgeschichte

blanvalet

Sollte diese Publikation Links auf Webseiten Dritter enthalten, so übernehmen wir für deren Inhalte keine Haftung, da wir uns diese nicht zu eigen machen, sondern lediglich auf deren Stand zum Zeitpunkt der Erstveröffentlichung verweisen.

Dieses Buch ist auch als E-Book erhältlich.

MIX
Papier aus verantwortungsvollen Quellen
FSC® C014889

Verlagsgruppe Random House FSC® N001967

1. Auflage

Redaktion: Angela Kuepper
Umschlaggestaltung und -motiv: www.buerosued.de
Fotos: © Claudia Klütsch/privat
WR · Herstellung: sam
Satz: Buch-Werkstatt GmbH, Bad Aibling
Druck und Bindung: Friedrich Pustet GmbH & Co. KG, Regensburg
Printed in Germany
ISBN 978-3-7645-0680-3

www.blanvalet.de

Für Martin
und Raquibul/Martin

Inhalt

Vorwort

Diese unsere Geschichte klingt wie ein Märchen, aber sie ist wahr.

Es ist inzwischen mehr als zwölf Jahre her, dass wir den einundvierzigsten Geburtstag meines Mannes Martin feierten. Der Einundvierzigste ist in der Regel kein besonderer Ehrentag. Man ist weder jung noch alt. Es ist auch kein runder Geburtstag. Trotzdem hat sich dieses Datum in unser Gedächtnis eingebrannt und wird uns immer unvergesslich bleiben.

Wir, das sind die Klütschs aus Wesseling bei Köln. Wir sind eine ganz normale Familie. Doppelhaushälfte, hundertzwanzig Quadratmeter Wohnfläche, schöner kleiner Garten. An dem Sichtschutzzaun aus Holz, der unser Grundstück von dem unserer Nachbarn trennt, steht eine Hollywoodschaukel. Daneben halten wir drei putzige Kaninchen in einem Gehege.

Unsere Freunde beschreiben uns als sozial und hilfsbereit, aber nicht in einem Maße, dass unser eigenes Glück zu kurz käme. Wir sind Mitglieder bei den Johannitern, ansonsten waren wir in unserem Leben, was das Thema »die Welt verbessern« angeht, eher unauffällig.

Mein Mann Martin und ich haben vier Kinder: drei Mädchen, einen Jungen. Wir haben uns immer eine große

Familie gewünscht. Sie ist für uns der Mittelpunkt des Lebens.

Die Kinder sind der Hauptgrund, warum wir bisher nicht viel in der Welt herumgekommen sind. Europa hatten wir bis vor wenigen Jahren noch nie verlassen. In den Urlaub geht es für uns meistens an die Nordsee. Das heißt nicht, dass uns andere Kulturen nicht interessierten, ganz im Gegenteil. Aber wenn man vier Kinder großzieht und zudem berufstätig ist, so wie wir, dreht sich fast alles darum, den Alltag zeitlich und finanziell zu stemmen.

Man mag uns naiv oder ignorant schimpfen, aber woher unsere Kleidung kommt und wer sie fertigt, darüber hatten wir uns vor dem einundvierzigsten Geburtstag von Martin herzlich wenig Gedanken gemacht. Dieser Tag aber hat unser Leben auf eine Weise durcheinandergewirbelt wie nichts zuvor. Und das allein durch die fixe Idee von Gazi, einem jungen Mann aus Bangladesch. Einem Arbeiter in einer Kleiderfabrik.

In den letzten Jahren haben wir viel über die zweifelhafte Art und Weise erfahren, wie der Großteil unserer Kleidung hergestellt wird. Um das gleich vorweg zu sagen: Wir haben auch keine Patentlösung für die Probleme, die es ohne Zweifel in der Bekleidungsindustrie gibt. Daher können und wollen wir auch keine Ratschläge für die nächste Shoppingtour an irgendwen erteilen.

Unsere Kleidung wird von Menschen hergestellt, die sich im Grunde vom Leben das Gleiche erhoffen wie wir:

Gesundheit, ein Dach über dem Kopf, eine Familie und eine gute Zukunft für die Kinder. Das mag banal klingen, aber wer einmal mit eigenen Augen gesehen hat, wie hart diese Menschen für einen Euro pro Tag arbeiten müssen, für den werden die eigenen Probleme plötzlich winzig klein.

Wir als Einzelne können an den Verhältnissen nur wenig ändern. Und wer jetzt denkt, gar keine Kleidung aus diesen Teilen der Welt mehr zu kaufen wäre eine Lösung: Arbeitnehmer in Bangladesch erzählten uns, sie seien von uns Kunden abhängig.

Dieses Buch will kein erhobener Zeigefinger in Richtung derer sein, die ihre Kleidung in Billigläden kaufen.

Ich möchte vielmehr von unvergesslichen Begegnungen erzählen, von tränenreichen und glückseligen Momenten, die unsere Familie auf eine sehr besondere Art bereichert haben – aber auch von Zweifeln, Unverständnis und Enttäuschungen, die wir mit Gazi und den Seinen erlebten.

Die Welt der Menschen in Bangladesch mag oft ganz anders aussehen als unsere. Aber sie fühlen, leiden und empfinden Freude genauso wie jeder andere auch. Diese Erkenntnis hat uns mit Glück erfüllt, zeigt sie doch, dass es viel einfacher ist, zwischen fremden Kulturen Nähe herzustellen, als es auf den ersten Blick scheint. Sie gibt Hoffnung, dass die Welt in Zukunft ein friedlicherer Ort sein kann.

Der Journalist Dirk Höner hat uns geholfen, unsere Reisen nach Bangladesch zu organisieren, und hat uns auf diesen begleitet. Auch bei dem vorliegenden Buch hat er uns geholfen, Gazis und unsere Geschichte zu erzählen. Da, wo mir manchmal die Worte fehlten, half er mir, sie zu finden, und schrieb sie für mich auf.

1

Die Geburtstagsüberraschung

Noch fünfundzwanzig Kilometer, dann sind wir in Gazis Dorf, sagte unser Fahrer.

Es war heiß auf der Rückbank des hellblauen Toyota-Vans. Martin fächerte sich durch schnelles, rhythmisches Vor- und Zurückziehen seines obersten Hemdknopfes etwas Luft zu. Wer sagt, dass mein Mann dick ist, hat nicht unrecht. Er schwitzte, mehr als wir alle.

Die Luft draußen war schwül, roch aber angenehm würzig, hier, kurz vor den Sundarbans im Süden von Bangladesch. Reife Mangos hingen an den Bäumen, Landarbeiter ernteten Zuckerrohr. Ein Blick nach vorn zeigte mir: Die rote Lehmstraße, auf der wir mit vierzig Stundenkilometern dahinzuckelten, würde sich noch ein ganzes Stück weiter durch die subtropischen Wälder winden. Die Landschaft sah aus, als hätte jemand die Bilder zu der Internet-Suche »Exotischer Golf von Bengalen« kurzerhand zum Leben erweckt.

»Herrje, ist das schön. Hier könnte ich meine Rente verbringen«, sagte ich zu meinem Mann.

»Wär mir zu heiß«, erwiderte er. »Aber ich komme dich besuchen.«

Ansonsten redeten wir nicht viel während der Fahrt. Wie auch? Die Schlaglöcher sorgten für eine beständige Geräuschkulisse. Die Bleche der Türen klapperten oder quietschten, manchmal auch beides gleichzeitig.

Der Blick in die südasiatische Ebene entschädigte aber für vieles. Ich zeigte mit dem Finger nach rechts, als wir einen Mann mit zerfledderten Badelatschen überholten, der eine alte Karre zog. »Schau mal, Martin, der transportiert Kokosnüsse.«

Der Gegensatz zu der molochartigen Großstadt Dhaka, in der wir vor einigen Tagen die Reise unseres Lebens begannen, könnte kaum größer sein. Dort sahen wir zum ersten Mal, was es heißt, in Armut zu leben.

Ein Bild habe ich bis heute nicht vergessen. Auf einer Straßenbrücke saß ein Mann. Ihm fehlte der rechte Arm. Wir fuhren an ihm vorbei, und ich konnte nicht erkennen, ob er bettelte oder warum er dort saß. Sein Gesicht war schmutzig, der Blick leer. In dem Moment registrierte ich ihn bloß und war durch die vielen Eindrücke rundherum unfähig, einen klaren Gedanken zu fassen. Am Abend aber, als ich im Bett lag, fiel mir die Szene wieder ein. Hatte der Mann ein Zuhause? Wovon lebte er? Woher bekam er etwas zu essen? Saß er immer noch auf der Brücke? Warum gerade an dieser vielbefahrenen Straße? Wir hatten bis dahin schon einige verzweifelte Menschen gesehen, aber dieser in dreckige Lumpen gekleidete Mann versinnbildlichte für mich das Elend in dieser Stadt wie kein anderer.

Martin wusste genau, was ich dachte, als der Mann mit der Karre voller Kokosnüsse hinter uns zurückfiel. »Wir können nicht alle retten«, sagte er, pragmatisch wie immer. »Wir sind hier, um Gazi zu finden und ihn bei Bedarf zu unterstützen. Wir dürfen uns nicht übernehmen.«

Auch die anderen Städte, durch die wir bisher gefahren waren, hatten alles andere als einladend gewirkt. Dreck, Plastikmüll und PET-Flaschen bestimmten das Straßenbild. Ganze Müllhaufen schienen neben den Häusern emporzuwachsen. Aus den Auspuffen der unzähligen Tuktuks quoll blauer Qualm. Es stank an vielen Orten fürchterlich. Die schlechte Luft und der Müll waren aber nur Begleitumstände eines viel größeren Übels, das wir mit ansehen mussten: An den Hauptstraßen in den Ballungsräumen lagen immer wieder Menschen reglos auf den Grünstreifen zwischen den Fahrbahnen oder am Straßenrand. Einfach so, als wären sie gerade eingeschlafen.

Unser Fahrer erklärte uns, dass viele hier Angst hätten, sich um Unfallopfer zu kümmern. Die Polizei könnte annehmen, dass der Helfende etwas mit dem Unglück zu tun habe. Ob also jemand auf dem Bürgersteig schläft oder ob es sich um einen Verletzten handelt, der womöglich sogar im Sterben liegt, ändert für die Passanten nichts: Sie scheren sich nicht darum. In solchen Situationen nicht vor Verzweiflung zu weinen fiel mir schwer.

Meine vier Kinder haben mir mal den Spitznamen Mutter Teresa gegeben – weil ich mich häufig um Hilfsbedürftige aus der Nachbarschaft kümmere. Schon mehrmals schleppten sie befreundete Teenager an, die zu Hause rausgeschmissen worden waren. Meistens ließ ich sie einige Tage bei uns übernachten und besorgte ihnen dann eine neue Bleibe über das Jugendamt, oder ich versuchte die Wogen im Streit mit ihren Eltern wieder zu glätten.

Auch Tiere sind es aus meiner Sicht wert, gerettet zu werden: Einmal ließ ich Martin keine Ruhe, bis er eine aus dem Nest gefallene Waldschnepfe zu einer Tierstation brachte, damit sie dort aufgepäppelt wurde – allerdings erst, nachdem ich sie selbst einige Tage lang durchgefüttert hatte.

Aber in den Städten Bangladeschs gab es so viel Elend, dass ich mich als Einzelne völlig überfordert fühlte. Ich mag den Vergleich nicht besonders, aber er traf unseren Eindruck ganz gut: Ein Menschenleben zählt in Bangladesch offenbar weniger als anderswo.

Ich versuchte mich damit zu trösten, dass wir hergekommen waren, um einer Familie gezielt zu helfen.

Hier, auf dem Land, schien es den Menschen besser zu gehen als in den Städten. Die schrecklichen Zustände waren scheinbar weit weg.

Wir hielten noch einmal an. Links von uns reichten Palmen Dutzende Meter hoch in den Himmel, flankiert von Farnen und dichten, mir bis dahin unbekannten Sträuchern. Der Regenwald wirkte undurchdringlich. Man kann sich leicht vorstellen, dass es stimmt, was im Reiseführer steht: dass es nicht weit von hier noch bengalische Tiger gibt. Viele dieser anmutigen Tiere seien es aber nicht mehr, sagte unser Fahrer.

Spektakulärer Regenwald hin oder her – mein Mann sah nicht glücklich aus. Er wirkte angestrengt und kniff die müden Augen zusammen.

»Ist es noch weit?«, fragte ich unseren Fahrer.

»Nicht mehr weit«, lautete seine wenig aussagekräftige Antwort, die wir heute schon einige Male gehört hatten. Wir saßen bereits seit zwei Stunden in dieser Blechkiste ohne Klimaanlage. Dabei war die Lehmpiste ohne Zweifel eine der besseren Straßen.

Die Impressionen dieser Reise waren voller Gegensätze: auf eine Art wunderschön, was die Freundlichkeit der Leute und die Vegetation betraf. Im nächsten Moment aber wäre ich am liebsten davongelaufen, bei all dem Elend, das uns begegnete.

Wo hatte ich uns da nur hineinmanövriert? Mich durchzuckte einen Augenblick lang Reue, gefolgt von Selbstzweifeln. Ich war die treibende Kraft hinter dieser Reise. Was, wenn wir am Ende nur Enttäuschungen mit nach Hause brächten?

Zum Glück hatten wir vorher lange genug über alles gesprochen und waren uns einig: Wenn wir nicht versuchten, Gazi zu finden, und es uns gelänge, uns selbst ein Bild von seinen Lebensverhältnissen zu machen, würden wir das irgendwann bereuen.

Rechts der Straße, etwas tiefer gelegen, sah ich eine Reihe quadratischer, künstlich angelegter Teiche. Eine Zuchtfarm für Riesenkrebse. Ein Junge, vielleicht acht Jahre alt, hockte im Gras. Ein Mann, vermutlich sein Vater, schaute ihm zu und lehrte ihn den Umgang mit dem Fang. Neben den beiden stand ein alter geflochtener Korb. Der Junge hatte einige der Schalentiere gefangen und bewahrte sie darin auf. Bevor er sie nach und nach in den eimergroßen Bambuskorb fallen ließ, stellte er den linken Fuß auf die handtellergroßen Körper der Krebse. Gleichzeitig wickelte er dicke grüne Halme einer Wasserpflanze um die Scheren, um die Tiere kampfunfähig zu machen. Ab und zu erwischten sie ihn doch. Der Junge blutete leicht am rechten Daumen, sein Vater schimpfte.

Ich schaute neugierig in den Korb, ob sich seine Arbeit heute schon gelohnt hatte. Viele Krebse waren es noch nicht. Der Junge sah aber nicht so aus, als ob ihm das etwas ausmachte. Vielmehr schien er etwas nervös zu sein.

»Weil ihr Weiße seid, ist er aufgeregt«, erklärte unser Fahrer. Viele Europäer habe er in seinem Leben noch nicht zu Gesicht bekommen. Tiger ja, Weiße nein.

Der Junge sah gesund aus, der nackte Oberkörper war drahtig. Er trug eine kurze Sporthose. Das Wappen eines Fußballvereins, laut Martin des FC Barcelona, war darauf zu erkennen. »Wahrscheinlich arbeitet seine Mutter in einer der Fabriken in der nächsten Stadt, wo solche Hosen genäht werden«, flüsterte ich Martin zu. Wir hatten in den letzten Monaten viel über die Bedingungen in den unzähligen Textilfabriken hier gelesen: Es sind fast immer Frauen, die an den Maschinen sitzen und bis zur Erschöpfung ihrer monotonen Arbeit nachgehen. Die Männer erhalten häufig Aufseher-Jobs. Wer nicht zur Schule gegangen ist, und das gilt für zig Millionen in Bangladesch, und dazu keine Beziehungen hat, kann vielleicht Rikschafahrer in einer der größeren Städte werden, für ein paar Cent pro Fahrt. Oder Erntehelfer. Eine größere Auswahl haben die meisten nicht.

Mein Mann verdient in Deutschland nicht viel mehr als einen Durchschnittslohn, aber sein Nettogehalt ist trotzdem über hundertmal so hoch wie das eines Fahrers einer Rikscha in diesem Land.

Jedes Mal, wenn wir, so wie jetzt bei der Krebszucht, die Menschen bei ihren Tätigkeiten beobachteten, wurden wir gleichzeitig von den Einheimischen gemustert. Blonde, halblange Locken, wie ich sie trage, haben viele Bangladescher noch nie aus der Nähe gesehen, und dazu unsere helle Haut. Die gegenseitige Zuguckerei führte häufig zu kuriosen Situationen. Die Arbeiter stellten ihre Tätigkeit ein, um uns anzuschauen, während wir sie ansahen. Dann passierte meistens nicht mehr viel. Ich überlegte, ob es so etwas auch auf unserem Wochenmarkt zu Hause in unserem Städtchen geben könnte, wenn Fremde dort auftauchten. Ich denke, eher nicht.

Bei einer der vergangenen Fahrpausen waren wir wieder einmal innerhalb von Minuten umringt von einer Schar Kinder, die uns anfassen wollten und sich sehr über uns amüsierten. Es war nicht besonders unangenehm, jedoch forderten die außergewöhnlichen Eindrücke uns sowieso schon so stark, dass wir uns vorgenommen hatten, erst einmal nur noch an abgelegeneren Orten wie diesem hier zu pausieren.

Ich drückte den Rücken durch, spürte an meinem Puls, wie meine Anspannung stieg. Martin und ich standen knapp achttausend Kilometer entfernt von zu Hause an einer Landstraße der Provinz Bagerhat in Bangladesch. Bevor wir uns verabschiedeten, blickte ich ein letztes Mal in den halb vollen Korb mit Krebsen. In weniger als einer Stunde sollten wir den Mann treffen, der unser Leben gehörig durcheinandergewirbelt hatte.

Der 20. Oktober 2005, der einundvierzigste Geburtstag meines Mannes Martin, war ein Donnerstag. Seinen Ehrentag wollte er dieses Mal nicht groß feiern.

»Meine Güte«, hatte er gesagt, »das ist doch kein besonderes Ereignis.«

Am Morgen hatten wir den Tisch gar nicht erst feierlich gedeckt. Es gab ein einfaches Frühstück, ein paar Geburtstagskerzen, mehr nicht.

Martin fängt jeden Morgen um sechs Uhr an zu arbeiten. Normalerweise stehen die Kinder nicht so früh auf. An Papas Geburtstag machten die vier eine Ausnahme und gratulierten ihm. Stephanie war damals fünf Jahre alt, Fabian sechs, Judith zwölf und Christina, die Älteste, siebzehn. Die drei Jüngsten übergaben ihrem Vater beim Frühstück selbst gemalte Bilder. An den vergangenen Geburtstagen hatte Martin von ihnen häufig Gutscheine bekommen, zum Autowaschen etwa. Diesen und auch die meisten anderen haben sie aber bis heute nicht eingelöst, wie das nun mal so ist.

Martin ging um kurz vor sechs aus dem Haus.

Nur ein paar Minuten von unserem Haus entfernt ragen riesige Stahl- und Betonsilos in die Luft. Hunderte Meter lange Röhren umrandeten den Industriekomplex – ein großes Chemiewerk, einer der größten Arbeitgeber der Region. Allein sechstausend Arbeitsplätze hat die Firma in unserer Stadt geschaffen.

Martin ist gelernter Rollladen- und Jalousiebauer. Seit mehr als zwanzig Jahren arbeitet er aber nun schon in dem Werk als Logistiker. Er ist ein Mensch, der seine Gefühle nicht immer und zu jeder Zeit preisgibt. Er hat einen trockenen Humor. Überschwängliche Sentimentalitäten zählen nicht zu seinem Repertoire.

»Bei Papa kommen die Stärke und die Liebe von innen«, hat Steffi, unsere Jüngste, einmal gesagt. Da ist viel Wahres dran.

Ich hingegen bin eher extrovertiert und spontan. Wäre ich mit mir selbst verheiratet, würde ich mich nach einem halben Jahr wohl wieder von mir scheiden lassen. Mir würde es selbst auf den Keks gehen, dass ich ständig neue Einfälle habe, egal, ob es darum geht, die Möbel von einem Augenblick auf den anderen umzustellen oder irgendeiner armen Seele das Leben leichter zu machen. Wenn ich von etwas überzeugt bin, ziehe ich es durch. Stillstand und Langeweile sind nicht mein Ding. Martin trägt das meistens ruhig mit.

Früher war ich Arzthelferin. Seit unserem dritten Kind arbeite ich nur noch halbtags, als Schulbegleiterin im Fachbereich Inklusion. Anderthalb Jobs, das reicht uns zum Leben. Klar, reich wären wir schon gern. Aber wichtiger waren uns immer die Familie und unsere Freunde.

Wir verzichten auf vieles, wie Reisen oder groß essen gehen, aber an einem sparen wir nie: dem Karneval! Seit zweiundzwanzig Jahren nähen wir die Kostüme für unseren jährlichen Karnevalsumzug in unserem Ort selbst. Wir nennen uns »die Uhus« – eine Abkürzung für »die Unter-Hundertjährigen«. Anfangs wollten wir uns eigentlich »die Bivis« nennen, also die Bis-Vierzigjährigen. Einer von unseren Freunden war damals aber schon über der Altersgrenze, und so haben wir einen Namen gewählt, den wir in näherer Zukunft nicht ändern müssen.

Christina und ich übergaben unsere Geschenke an besagtem Donnerstag erst am Nachmittag, als Martin von der Arbeit zurückgekehrt war. Bis dahin war ich auch dazu gekommen, den Tisch feierlicher zu schmücken. Ein paar Girlanden, ein Geburtstagskuchen.

In den letzten Jahren hatte ich meinem Mann gern CDs geschenkt, Peter Maffay zum Beispiel oder Bryan Adams. In diesem Jahr gab es von mir eine silberne Uhr. Ich hatte Glück, sie passte. Christina hatte noch überlegt, Papa ein Bild von Michael Schumacher oder eine rote Ferrari-Kappe seines Idols zu schenken. 2005, lange vor seinem schweren Skiunfall, war Michael Schumacher *der* Sport-Superstar in Deutschland. Martin war und ist ein Riesenfan von ihm. Schumachers Heimatstadt Kerpen liegt nur eine halbe Autostunde von unserem Wohnort entfernt. Bei uns lief jedes Formel-1-Rennen im Fernsehen.

Am Ende wurde nichts aus der Idee mit der Kappe. Auch ein Parfum, wie im letzten Jahr, lag nicht auf dem Gabentisch. Warum Christina in diesem Jahr in einem Großmarkt in der Nähe ein Doppelpack Oberhemden gekauft hatte, weiß sie selbst nicht mehr. 7,99 Euro kosteten die beiden Kleidungsstücke zusammen. Eines war ein schlichtes marineblaues Hemd. Das andere, ein hellblaues mit weißen Streifen, sollte uns noch lange beschäftigen. Beide Hemden waren Größe XXL. Sie warteten wie ein kleiner, seiner Entdeckung harrender Schatz gut geschützt in Zellophanfolie in unserem Esszimmer darauf, ausgepackt zu werden. Wie hätten wir ahnen sollen, was sich, gut versteckt, noch darin befand?!

Das kleine Paket hatte eine lange Reise hinter sich. Sie begann in einer Kleiderfabrik im Süden Dhakas, der Hauptstadt von Bangladesch, vermutlich rund zwei bis drei Monate zuvor. Die Hemden landeten zunächst in Pappkartons, diese auf einem LKW, der sie zum Frachthafen von Chittagong fuhr, einer Küstenstadt des Landes.

Dort wurden die Hemden zusammen mit zigtausend weiteren in einen gut zwölf Meter langen Überseecontainer geladen, der dann mit Zwischenstopp in Singapur seine wochenlange Fahrt über den Indischen Ozean, das Mittelmeer, den östlichen Atlantik bis in die Nordsee antrat. In Rotterdam oder Hamburg wurden die Hemden entladen. In einem LKW folgte wohl der letzte Teil der Reise, vermutlich bis zum Verteilzentrum in Hamm in Westfalen und von dort zu unserem Großmarkt in einem Vorort von Köln.

Niemand wusste während dieser Zeit, dass mit dem Hemd ein Hoffnungsschimmer um die halbe Welt geschickt worden war.

Niemand, bis auf den Arbeiter, der eine Nachricht darin versteckt hatte.

Später am Nachmittag des Geburtstags kamen einige Gäste zu Besuch, rund zwanzig Leute. Das ist für unsere Verhältnisse der kleine Kreis. Abends gab es für alle einfache Küche, Kartoffelsalat mit Würstchen. Es war ein netter Abend ohne besondere Vorkommnisse. Martin und ich gingen, wie jeden Abend, zur selben Zeit ins Bett.

»Schlaf gut, Schatz«, war das Letzte, was ich an diesem Abend von ihm hörte. Das war's mit dem einundvierzigsten Geburtstag – dachten wir, drei Tage lang. So lange rührten weder mein Mann noch ich das letzte Geschenk für ihn an.

Am Sonntag darauf fand ich endlich etwas Zeit.

Es war später Vormittag, ich ging mit den immer noch eingepackten Hemden in unser Schlafzimmer in die obere Etage, nahm eine Schere und schnitt die Folie auf. Martin war auch zu Hause. Er saß unten am Küchentisch und las den Kölner Express.

Ich nahm zunächst das marineblaue Hemd, entfernte die Versteifungen aus Pappe, das Einlegepapier, schüttelte es aus und legte es zur schmutzigen Wäsche.

Dann nahm ich das hellblaue Hemd mit den weißen Streifen. Auch das schüttelte ich nach dem Entfernen des gesamten überflüssigen Materials mit einer schnellen Bewegung aus, um es zu entfalten.

Dabei fiel etwas auf unser Bett. Etwas Graues, ein Stück dünne Pappe.

Im ersten Moment dachte ich, das müsse noch ein Teil der Verpackung sein. Ich nahm es zur Hand und warf einen Blick darauf. Die Pappe war etwa so breit wie meine Hand und drei Zentimeter hoch, und sie war dünn. Die Ränder hatte jemand sauber abgeschnitten.

Dieser Jemand hatte mit einem dünnen schwarzen Filzstift per Hand ein paar Worte in brüchigem Englisch darauf geschrieben:

I am a poor Man. I need money just in lipe. Please help me. Pleas your hand for me. I hope that may god bless you.

Auf der Rückseite des steifen Papiers waren ein Name und eine Adresse notiert. Der Name des Absenders lautete: Gazi. Sein Dorf lag in der Provinz Bagerhat in Bangladesch. Eine Straße oder Hausnummer fand ich nicht. Oben rechts las ich noch, in einer krakeligen Umrandung, die folgenden Worte:

May you live long.

Ich wand das Stück Pappe in meinen Fingern hin und her.

Es fühlte sich unwirklich an, sowohl die Pappe als auch das, was darauf geschrieben stand. Erst langsam, aber zunehmend intensiver spürte ich, wie sich ein eigentümliches Gefühl in meinem Bauch breitmachte. Ich dachte: Das kann doch nicht wahr sein! Dann lief ich runter zu meinem Mann.

In den paar Augenblicken, bis ich bei ihm war, schossen mir Dutzende Gedanken durch den Kopf. Wer hat das geschrieben? Und warum? Wieso schreibt derjenige nicht genauer, worum es geht? Warum versteckt jemand so eine Nachricht in einem Hemd? Wo werden solche Hemden eigentlich hergestellt? Und wie?

In der Küche angekommen, zeigte ich Martin den Zettel. Er spricht kein Englisch, also übersetzte ich: »Ich bin ein armer Mann. Ich brauche Geld zum Leben. Bitte helfen Sie mir. Bitte reichen Sie mir Ihre Hand. Ich hoffe, dass Gott Sie beschützt.«

»Schmeiß das Ding weg«, war Martins erste Reaktion, als er die krakelig geschriebenen Zeilen sah. »Was willst du damit?«

Ich konnte seine Gedanken lesen: »Das ist doch bestimmt so eine neue Betrugsmasche.« Laut sagte er: »Kümmer dich nicht drum. Wahrscheinlich hat jemand in Deutschland die Nachricht in das Hemd gesteckt. Das ist bloß ein dummer Scherz!«

Martin ist vom Typ her alles andere als gefühlskalt. Er gilt als einfühlsam und sensibel. Das sage nicht nur ich, sondern viele, die ihn kennen. In diesem Moment aber war seine Reaktion geprägt von den vielen Medienberichten über zig verschiedene Varianten, andere Menschen übers Ohr zu hauen. Er hätte nicht im Traum daran gedacht, dass der Verfasser der Nachricht tatsächlich ein Mensch aus Fleisch und Blut irgendwo in einem fernen Land sein könnte, der Hilfe suchte. Ich war auch nicht davon überzeugt, noch nicht. Aber meine Neugierde war größer als seine. Und nicht nur das: Angenommen, da wäre tatsächlich jemand in einer Notsituation. Dann würden wir helfen wollen. Und das sollte sicherlich nicht an einigen Minuten Aufwand scheitern, der Sache nachzugehen.

Die andere Möglichkeit war: Wir wurden in irgendeiner Form hereingelegt. Dann würden wir durch unsere Beschäftigung mit dem Zettel eventuell ein wenig Lebenszeit verlieren und vielleicht auch ein paar Euro. Mehr nicht. Also: Warum nicht wenigstens etwas Arbeit hineininvestieren? Ich hatte doch nichts zu verlieren. Wegwerfen konnte ich den Pappstreifen immer noch.

Fünf Minuten später fand ich mich an unserem Computer in der Fensterecke unseres Esszimmers wieder und gab bei Google »Bangladesch« ein. Ich wollte einfach wissen, was dahintersteckte. Die Provinz, die er angegeben hatte – Bagerhat –, konnte ich auf Google Maps sehen.

Bagerhat. Wer weiß, hätte ich mich vertippt, nur einen Buchstaben falsch eingegeben, und die Suchmaschine hätte nichts gefunden, vielleicht hätte ich an dieser Stelle schon aufgegeben.

Doch jetzt wusste ich: Es gab einen Ort im Süden von Bangladesch, in dem ein Mann lebte, der Hilfe brauchte. Jedenfalls schrieb er das.

Oder hatte doch ein anderer die Nachricht verfasst? Eines unserer Kinder? Jemand in dem Großmarkt, wo unsere Tochter das Hemd gekauft hatte? Ich nahm noch einmal den Pappstreifen zur Hand, sah genauer nach, ob irgendwo eine Bankverbindung geschrieben stand. Keine Kontonummer. Wie sollte so eine Nachricht dann Kriminellen nützen? Das passt alles nicht zu einem miesen Trick, dachte ich.

Das brüchige Englisch, diese wahnwitzige Idee mit dem Zettel, auf so was kam man doch nicht als Otto-Normal-Betrüger. Und noch dazu mit einer Adresse in Bangladesch.

Ich inspizierte das Hemd, wendete es auf links, benahm mich wie eine Hobbykriminologin. Bis auf den Zettel sah es völlig normal aus.

Im Etikett stand: Made in Bangladesh.

Dass dort ein Großteil unserer Kleidung hergestellt wird, wusste ich zu dem Zeitpunkt noch nicht.

Wo genau hatte die Nachricht wohl gesteckt? Im Hemdkragen, glaubte ich mich zu erinnern, sicher war ich mir aber nicht. Nur, dass die Nachricht definitiv aus dem Hemd gefallen war, versteckt in einer der vielen Falten, die ein Oberhemd in verpacktem Zustand üblicherweise hat, das wusste ich noch.

Was aber sollte ich mit dieser Erkenntnis anstellen? Hatte vielleicht jemand in der Textilfabrik etwas damit zu tun? Gab es dort einen Menschen, der so verzweifelt war, dass er als letzte Chance einen losen Pappstreifen in einem Hemd versteckte und hoffte, dass der Finder der Nachricht darauf reagieren würde? Wahrscheinlich hatte dieser Mensch damit sogar seine Arbeitsstelle riskiert.

Ich bin eine große Anhängerin der Miss-Marple-Filme. Womöglich kamen mir daher die absurdesten Vorstellungen, was sich alles hinter der Geschichte verbergen könnte.

»Vielleicht steckt ja eine Entführung dahinter«, murmelte ich in Richtung Martin. Und weiter: »Schau mal, die Schrift. So krakelig. Wenn das jemand mit kriminellen Hintergedanken plant, dann macht man das doch ordentlicher.«

Mein Mann reagierte nicht auf meine abstrusen Ideen.

Vielleicht wurde der Verfasser ja tatsächlich gefangen gehalten?, überlegte ich weiter. Das konnte es nicht geben. Oder doch?

Martin tippte irgendwann auf einen Artikel in seiner Zeitung unter der Rubrik »Express hilft«. Es war nicht ernst gemeint, als er sagte: »Ruf die doch an, vielleicht können die dir ja helfen.«

Martins Überraschung, dass ich mich wirklich noch am selben Tag bei der Zeitung meldete, wurde nur noch gesteigert von der Tatsache, dass sonntags dort tatsächlich jemand den Hörer abnahm.

Der Redakteur hörte sich meine Geschichte an und verfasste einen kleinen Artikel für den nächsten Tag zu meinem Fundstück. Wirklich helfen konnte er aber in dieser Sache zunächst auch nicht.

Ich musste das Ganze also selbst in die Hand nehmen. Am nächsten Morgen setzte ich mich an unseren Esstisch und schrieb zum ersten Mal seit Jahren wieder einen Brief mit der Hand.

Zu diesem Zeitpunkt konnte ich es noch nicht ahnen, aber durch diesen Brief öffnete sich für uns eine Tür, durch die unsere Gedankenwelt auf einen Schlag um ein ganzes Universum erweitert wurde. Wir hatten die Möglichkeit bekommen, über den Tellerrand unseres Städtchens, unserer Region, sogar unserer gesamten Kultur zu blicken. Und wir haben diese Möglichkeit ergriffen – zu unserem großen Glück.

Auf diese Weise sind wir selbst zu Hauptakteuren dieser Geschichte geworden. Wir haben Situationen erlebt, schreckliche wie wunderschöne, die so absurd und ungewöhnlich klingen, dass wir uns manchmal fragten, ob das alles nicht nur ein irrer Traum sei.

Die wenigen, auf den Zettel gekritzelten Worte brachten uns dazu, in entlegenste Gegenden zu reisen, uns mit einer völlig fremden Kultur und deren Menschen auseinanderzusetzen und diese auf eine Weise kennenzulernen, wie es selbst Abenteurer kaum vermögen – nämlich authentisch, mit allen positiven Seiten und auch ihren Fehlern.

Diese Erfahrungen sind das Aufregendste, was uns bisher in unserem Leben passiert ist.

Wir haben einen uns bis dahin völlig unbekannten Teil

der Welt kennengelernt – und damit meine ich nicht einen bestimmten Ort, sondern den intimen Blick in das Lebensgefühl von Menschen, mit denen wir sonst nur eine Verbindung haben: Sie liefern uns Waren – Kleidung, Nahrung oder Plastikspielzeug für unsere Kinder.

2

Kontakt zu einer anderen Welt

Lieber Gazi, schrieb ich. Nicht einmal vierundzwanzig Stunden waren vergangen, seit die Nachricht aus dem Hemd gefallen war. Inzwischen konnte ich an nichts anderes denken.

Lieber Gazi. Und dann? Was schreibt man einem Menschen, von dem man so gut wie nichts weiß, außer, dass er kreativ zu sein scheint, große Sorgen hat, miserables Englisch spricht und im hinterletzten Winkel Südasiens im Urwald lebt?

In erster Linie wollte ich versuchen, mit Gazi Kontakt aufzunehmen, weil ich schlicht neugierig war. Was steckte hinter alldem? Zudem hätte ich Gewissensbisse gehabt, den Zettel wegzuwerfen und damit womöglich die Chance zu verpassen, einem Menschen in Not zu helfen.

Die Geschichte hatte so ungewöhnlich begonnen – vielleicht steckte ja doch ein Verbrechen dahinter? Die Sache mit der Entführung war für mich tatsächlich denkbar. Sein Text war leider nicht sehr aussagekräftig. Menschen, die Nachrichten in Kleidungsstücken verstecken, sollten sich etwas genauer ausdrücken, worum es überhaupt geht, fand ich.

Aber was, wenn mein Brief gar nicht ankommen würde? Dann wäre eh alles für die Katz gewesen.

Herrje, hatte der Mann kein Telefon? Warum hatte er keine Nummer angegeben? Oder eine E-Mail-Adresse? War ich zu naiv? Hatten Menschen in seiner Provinz überhaupt E-Mail-Adressen?

Ich schrieb weiter in einfachem Englisch:

Ich habe Ihre Nachricht in dem blauen Hemd gefunden. Wir wohnen in der Nähe von Köln in Deutschland. Warum haben Sie diese Nachricht geschrieben? Warum genau brauchen Sie Hilfe? Geht es Ihnen gut?

Da ich im Innersten davon ausging, dass der Zettel echt war und sich keine betrügerische Geschichte dahinter verbarg, erwähnte ich einige persönliche Dinge in dem Brief.

Mein Mann Martin und ich haben vier Kinder. Unsere älteste Tochter hatte das Hemd als Geburtstagsgeschenk für Martin gekauft.

Zwar hatte ich das Bedürfnis, ihm mitzuteilen, dass auch Deutschland kein Schlaraffenland ist, wo das Geld auf den Bäumen wächst, aber diesen Gedanken verwarf ich schnell wieder. Ich wusste zu diesem Zeitpunkt nicht viel über Bangladesch. Ich erinnerte mich vage an ein paar Fakten aus dem Erdkundeunterricht und vergangene Zeitungsmeldungen: häufige Überschwemmungen, die Nähe zu Indien, dass Bangladesch früher mit Pakistan einen Staat formte, zahlreiche Menschen auf engem Raum und Bilder von völlig verarmten Menschen. Einem typischen Bangladescher mussten Deutsche ja fast zwangsläufig als unfassbar reich erscheinen, egal wie hart wir für unser Geld arbeiteten.

Ich versuchte mir vorzustellen, wie der Mann wohl aussehen mochte, der die Nachricht verfasst hatte, wie alt er war und wie er lebte. Doch ich vermied es, ihn in meinem Brief auszufragen, und überlegte stattdessen, welche Details aus unserem Leben ich ihm mitteilen sollte.

Würde er sich überhaupt für unsere Lebensgeschichte interessieren? So irre aufregend war das alles eigentlich nicht …

Martin und ich waren beide Anfang zwanzig, als wir heirateten. Ich arbeitete zu jenem Zeitpunkt in Teilzeit als Tagesmutter und schmiss den Haushalt unserer Familie.

Martin hatte sich zum Produktionskoordinator hochgearbeitet. Er sorgte dafür, dass die Waren in seiner Fabrik pünktlich geliefert und verschickt wurden. Keine Managementposition, aber schon eine Arbeit mit Verantwortung. Materiell ging es uns immer gut, auch wenn wir uns zum Beispiel kein eigenes Haus leisten können. Wir wohnen in einer betriebseigenen Doppelhaushälfte zur Miete. Nur zwei unserer vier Kinder hatten ein eigenes Zimmer, so war das halt. Martin und ich haben jedoch immer versucht, unserem Nachwuchs ein schönes, inniges Familienleben zu bieten. Und ich glaube, das ist uns gelungen.

Wir sind eine manchmal vielleicht etwas chaotische Familie, aber ich glaube, unsere Kinder haben sich immer wohl bei uns zu Hause gefühlt. Mein Mann und ich wollten eine große Familie, und die Entbehrungen, die ein solcher Lebensstil mit sich bringt, haben wir gerne auf uns genommen. Auch wenn es wie eine leere Worthülse klingt: Die Familie war und ist für uns das Wichtigste.

Am Ende schrieb ich Gazi erst einmal nichts von alledem. Ich endete mit:

Wir würden uns freuen, von Ihnen zu hören.

Ich zeigte den Brief Martin, der alles abnickte. Adresse drauf, fertig. Wahrscheinlich kam der Brief sowieso nie an. Warum also die ganze Mühe? Die eine Seite, die ich geschrieben hatte, war fürs Erste völlig ausreichend. Ich steckte noch dreiundzwanzig Dollar in bar in den Umschlag. Das Geld hatte ich in unserer Volksbank-Filiale für dreißig Euro erhalten. Der Betrag schien mir angemessen. Keine lächerliche Summe, aber auch nicht dekadent viel.

Und wenn jemand schon so kreativ ist, eine Nachricht in einem Hemd zu verstecken, hat er eine kleine Spende verdient, dachte ich. Vielleicht half ihm das Geld ja sogar ein bisschen. Ich hätte sogar mehr hineingesteckt, fünfzig Dollar vielleicht, aber Martin bremste mich: »Wir wissen ja nicht einmal, ob das Geld überhaupt ankommt. Steck so wenig rein wie möglich.« Uns war zu dem Zeitpunkt noch nicht bewusst, dass viele Familien in Bangladesch mit solch einer Summe einen ganzen Monat lang über die Runden kommen müssen.

Mein Schreiben und das Geld schickte ich mit der ganz normalen Post los. Dann hieß es erst mal abwarten.

Wir redeten in diesen Tagen viel mit Freunden und Arbeitskollegen über die Nachricht im Hemd. Die Meinungen dazu waren geteilt. Einige äußerten Zweifel, ob es diesen Gazi wirklich gäbe. Und falls ja, hatten sie noch größere

Zweifel, ob er wirklich arm wäre. Andere waren genauso neugierig wie ich. Von ihnen erfuhr ich viel Zuspruch und Unterstützung. Eines aber brachten all die Gespräche mit unseren Lieben mit sich: Wir machten uns Gedanken darüber, wo unsere Kleidung herkam. Ich las in der Zeit viel im Internet darüber. Für mich war es neu, dass ein Großteil der Kleidungsstücke, die bei uns in den Schränken hängen, aus Bangladesch und anderen Teilen Asiens kommen.

Schon verrückt ... Auf den Wochenmärkten steht an jeder Tomate ein Schild mit der Information, in welchem Land, oft sogar, in welcher Region sie gewachsen ist. Aber kaum jemand fragt sich, wo das T-Shirt, das er gerade trägt, hergestellt wurde. Und schon gar nicht, wie die Menschen leben, die die Kleidung nähen.

Was für Arbeitszeiten haben sie? Gibt es dort so etwas wie Gewerkschaften? Oder muss uns das alles gar nicht kümmern? Jemand verkauft eine Ware zu einem bestimmten Preis, und ein anderer kauft sie. Marktwirtschaft halt.

Besonders stolz scheinen mir die Bekleidungsgeschäfte in Deutschland aber nicht darauf zu sein, dass fast all ihre Produkte in Niedriglohnländern hergestellt werden. Oder hat jemand schon einmal bei Karstadt, Primark oder H&M den Hinweis gesehen: »Heute neue Hosen aus Ostchina eingetroffen«?

Damals, 2005, war das alles noch nicht so ein großes Thema wie heute. Und das liegt vor allem an einem Ereignis, das in der Zwischenzeit stattgefunden hat.

Im Jahr 2013, also acht Jahre nach unserem Zettelfund, stürzte das Gebäude »Rana Plaza« mitten in Dhaka ein, der Hauptstadt von Bangladesch – ein typisches Industriegebäude der Textilwirtschaft. Mehr als tausendeinhundert Arbeiterinnen und Arbeiter wurden getötet, weil ihr Arbeitgeber sie gezwungen hatte, dort zu arbeiten, obwohl die Polizei den Bau wegen Einsturzgefahr gesperrt hatte. Das sagt viel über die Arbeitsbedingungen vor Ort aus. Über diese Katastrophe wurde weltweit berichtet. Wenn der Tod all dieser Menschen überhaupt etwas Gutes nach sich zog, dann war es die Tatsache, dass ab diesem Zeitpunkt die Weltöffentlichkeit viel stärker auf die Produktionsbedingungen in Bangladesch schaute.

Zu dem Zeitpunkt, als wir die ersten Briefe mit Gazi austauschten, waren Presseberichte zum Thema Textilindustrie in Südasien jedoch noch rar.

Ich erfuhr, dass achtzig Prozent des Gesamtexports des Landes auf die Textilindustrie zurückgehen. Es ist mit Abstand der bedeutendste Wirtschaftsfaktor. Das halbe Land lebt direkt oder indirekt von diesem Wirtschaftszweig. Vier von fünf Beschäftigten an den Nähmaschinen sind Frauen. Der Hauptabsatzmarkt ist Europa. Deutschland steht dabei an erster Stelle. Nur das Riesenreich China stellt weltweit noch mehr Kleidung her. Zig Milliarden Euro überweisen europäische Bekleidungsunternehmen jedes Jahr nach Bangladesch. Das hört sich viel an. Aber ich las auch, dass die durchschnittliche Entlohnung für einen Monat Arbeit an einer Nähmaschine nur etwa dreißig Euro betrug.

Trotz alledem: Das Gefühl, das wir, nachdem ich den Brief abgeschickt hatte, am stärksten verspürten, war Zweifel. Als wir nach einigen Wochen noch keine Antwort erhalten hatten, sagte Martin zu mir: »Siehste, jetzt ist das Geld futsch. Der lacht sich eins und sackt die Kohle einfach ein.«

Vor allem mein Mann befürchtete, Gazi könnte diese Masche schon Hunderte Male durchgezogen haben. Wenn nur jeder zehnte Adressat ein paar Dollar per Brief schicken würde, hätte er ein einträgliches Geschäft für sich entwickelt, so seine Rechnung.

Ich suchte im Internet nach Hinweisen zu solch einer Art von Betrug, fand jedoch nichts dazu. Das musste aber natürlich nichts heißen.

Sechs Wochen nachdem ich meinen Brief abgeschickt hatte, lag ein Umschlag mit den markanten blauroten Schrägstreifen am Rand in unserem Briefkasten. Ein Brief per Luftpost, von Gazi. Martin arbeitete an diesem Morgen, also öffnete ich das Kuvert alleine. Darin befanden sich zwei handschriftlich beschriebene Seiten und vier Fotos von Gazi, seiner Frau und seiner Familie.

Wenn ich ehrlich bin, hatte ich nicht damit gerechnet. Zu groß war die Wahrscheinlichkeit, dass mein Brief gar nicht sein Ziel erreicht oder dass jemand einfach das Geld genommen hatte und die Geschichte damit zu Ende war. Außerdem liest man ja immer wieder, dass man Bargeld nicht verschicken soll – in ein Entwicklungsland schon gar nicht.

Ich nahm das ungewöhnlich dünne Briefpapier und las.

Das Schreiben begann mit: *»Hello my elder brother«*, was so viel heißt wie: »Hallo, mein großer Bruder.« Eine komische Redewendung.

Gazi bedankte sich in dem Brief mit blumigen Worten mehrfach für das Geld, das wir geschickt hatten. Er schrieb, dass er nicht mit einer Reaktion von wem auch immer gerechnet habe. Zu meiner Verwunderung lobte er dann recht schnell alle Deutschen über den grünen Klee:

Ich weiß, dass Deutsche sehr intelligent, freundlich und reich sind.

Eine bemerkenswerte Beschreibung, fand ich. Mein Eindruck war manchmal ein ganz anderer. Er schrieb, einige Kunden seines Arbeitgebers wären Deutsche, daher hätte er mehrere Male mit Landsleuten von uns Kontakt gehabt, nur kurz natürlich.

Darauf folgte eine detaillierte Beschreibung seines Heimatlandes, wic sie in einem Geografiebuch in der Schule hätte abgedruckt sein können:

Das Land habe rund 140 Millionen Einwohner, die Amtssprache sei Bengalisch oder auch Bengali, das Land liege in Südasien, grenze an Indien, habe ein sehr geringes Lohnniveau, aber eine hohe Geburtenrate, die Menschen lebten fast ausschließlich von der Landwirtschaft und von der Bekleidungsindustrie, die Hauptstadt heiße Dhaka. Er erwähnte sogar die Gesamtfläche des Landes: Rund 148 000 Quadratkilometer. Aha.

Gazi schrieb weiter, dass er vier Brüder und fünf Schwestern habe. Sie seien eine Familie ohne eigenes Land, was in seiner Welt meist lebenslange Armut bedeute. Sie wohnten im Haus der Eltern, die beide schon alt seien.

Stolz war er dem Schreiben nach auf seine beiden Schulabschlüsse, die er ausführlich beschrieb. Er hatte die Grund- und die Oberschule abgeschlossen – was wohl einiges bedeuten musste.

Am interessantesten waren für mich natürlich Gazis Fotos, etwa das von seiner Hochzeit. Ich schätzte ihn auf etwa dreißig Jahre, vielleicht fünfunddreißig. Gazi guckte auf dem Bild ernst, ebenso wie seine Frau, die auf mich durchaus attraktiv wirkte und jünger aussah. Lange dunkle Haare, ein volles Gesicht, schüchterner Blick. Mein neuer Brieffreund trug darauf ein gestreiftes Hemd, dazu eine braune Hose. Sie hatte ein rotbraunes, für ihre Kultur typisches Kleid an. Beide blickten nicht wirklich heiter in die Kamera, eher angestrengt. Dass die häufig so ernste Miene nichts anderes als ein Ausdruck von Unsicherheit der Menschen dort ist, erfuhren wir erst viel später.

Auf den zweiten Blick entdeckte ich ein Detail, das mich schmunzeln ließ. Die beiden standen vor einer Fototapete. Der Hintergrund erinnerte an eine Landschaft in gemäßigterem Klima, mit weitläufigen Wiesenflächen. Wenn es nicht so absurd klänge, ich würde behaupten, es sah aus wie im Allgäu. Ein weißes Fachwerkhaus auf dem Bild unterstrich den Eindruck. Unglaublich, anscheinend hatte diese westliche Bauart aus dem Mittelalter etwas Exotisches für die Menschen dort, so wie ein weißer Sandstrand mit Palmen für uns.

»Ob die beiden das wirklich sind?« Martin zweifelte die Echtheit der Bilder an, als ich ihm am Nachmittag den Brief zeigte. »Das sieht doch gestellt aus. Vielleicht hat dieser Gazi ja einfach das Foto irgendwo abfotografiert. Das wirkt doch nicht realistisch.«

Bei mir hingegen überlagerten Freude und Erleichterung jegliche Restzweifel. Hätten wir nie wieder etwas von Gazi gehört, wäre ich enttäuscht gewesen. Nicht wegen des Geldes, aber dieses Gefühl, hintergangen worden zu sein, mag ich einfach nicht. Dazu war ich einmal mehr froh zu sehen, dass man häufig etwas zurückbekommt, wenn man an das Gute im Menschen glaubt.

Auf einem weiteren Foto war seine ganze Familie versammelt, die Eltern und alle Geschwister. Vater und Mutter sahen darauf sehr alt aus und hager. Das Foto hätte vom Stil her in den Dreißigerjahren gemacht worden sein können. Die Gesamterscheinung der Eltern hätte auch in diese Zeit gepasst: Sie sahen abgearbeitet aus, vom Leben gezeichnet.

Es war eine Szene aus einer anderen Welt, aber die Familie als solche schien auch dort eine große Rolle zu spielen.

Die Fotos bewirkten vor allem eines bei mir: Der Mann, den ich mir bisher nur in meiner Fantasie hatte vorstellen können, wurde plötzlich real.

Das war also die Person, die in irgendeiner Kleiderfabrik auf der anderen Seite der Welt eine Nachricht in ein Hemd gesteckt hatte. Er hatte eine Frau, Eltern, eine Menge Geschwister und guckte auf seinem Hochzeitsfoto wie sieben Tage Regenwetter. Wie hatten die beiden sich wohl kennengelernt? So ähnlich wie mein Mann und ich?

Martin und ich trafen uns in der zehnten Klasse zum ersten Mal. Martin ging auf eine Hauptschule, ich auf ein Gymnasium. Martin stand an diesem Tag an einer Straßenecke, so richtig klischeehaft mit einem blauen Mofa. Die knallroten Socken, die er trug, werde ich nie vergessen. Keine Ahnung, warum, aber ich habe meiner Freundin damals sofort gesagt, dass er mein Mann werden würde, irgendwann. Sie fragte mich, wer der Junge denn sei.

»Das weiß ich doch nicht. Noch nie ein Wort mit ihm gesprochen«, gab ich zur Antwort. »Ich kenne den nicht, aber der gefällt mir.«

Wie war das wohl bei Gazi und seiner Frau gewesen? Ich versuchte, alles Mögliche aus dem Hochzeitsfoto herauszulesen.

Dann konzentrierte ich mich wieder auf den Brief. Eine Zeile war bei bestem Willen nicht zu verstehen:

Waiting for your kind arrival.

Was sollte das denn heißen? Er wartete auf unsere Ankunft? Glaubte er etwa, wir würden ihn demnächst besuchen? War das am Ende eine Einladung? Ich schüttelte den Kopf. Wahrscheinlich meinte er bloß, dass er sich über einen weiteren Brief freuen würde. Gazi besuchen ... Wie stellte er sich denn das vor?

Fast übertrieben höflich bedankte er sich am Ende noch einmal für das Geld. Von einem Teil der dreiundzwanzig Dollar hatte er ein Festessen in seinem Dorf organisiert. Anscheinend waren Dorfgemeinschaften in Bangladesch enger miteinander verbunden als hierzulande.

»Wahrscheinlich hat er die alle eingeladen, weil sie ihm vorher auch geholfen haben«, sagte ich zu Martin.

»Das ist bestimmt wie früher bei meiner Oma im Hunsrück. Da wurde, wenn jemand geschlachtet hatte, auch immer direkt ein Fest veranstaltet.«

Gazi wünschte uns abschließend ein langes Leben, sendete liebe Grüße an die Kinder und endete mit:

Loving yours forien Brother Gazi.

»In Liebe, Dein fremder Bruder Gazi …«

Martin war weit mehr überrascht über den Brief als ich. Seine Zweifel angesichts der Fotos hatten sich bald gelegt. Er musste eingestehen, dass er sich verschätzt hatte. Ihm fiel auf, wie ehrlich überrascht Gazi klang, dass er eine Antwort erhalten hatte. Das sprach gegen die Theorie, er hätte schon Hunderte solcher Nachrichten verschickt. Aber sicher konnten wir uns nicht sein. Vielleicht war er einfach gerissener, als wir dachten, und das Ganze war nur eine billige Masche.

3

Gazi verliert seine Arbeit

Der Redakteur des Kölner Express verschaffte uns in den nächsten Tagen einen Kontakt zum Politikmagazin »DER SPIEGEL«. Ein Mitarbeiter meldete sich aus Hamburg bei uns und sagte, er könne versuchen, mithilfe eines Korrespondenten einen direkten Kontakt zu Gazi zu ermöglichen. Aber das würde dauern. Wir waren etwas überrascht, vor allem aber dankbar, dass sich das Magazin für die Sache interessierte und Hilfe anbot. So ganz uneigennützig war das natürlich nicht. Auch der »SPIEGEL« brachte einen Artikel über unseren »Fall« – unter der Rubrik »Eine Meldung und ihre Geschichte«.

Einige Wochen danach meldete sich der Redakteur wieder. Der Korrespondent habe Gazi tatsächlich getroffen, in seinem Dorf. So wie der Journalist in Bangladesch die Lage vor Ort beurteilte, stimmte alles, was Gazi geschrieben hatte.

Ich sog die Informationen förmlich auf. Gazi lebte mit seinen Eltern und seinen Geschwistern in einer einfachen Hütte in einer sehr ländlichen Gegend. Sein Vater war gesundheitlich schwer angeschlagen. Davon hatte in dem Brief nichts gestanden. Welche Krankheit er genau hatte, konnte

Gazi dem Journalisten nicht beschreiben, weil er es nicht wusste. Sein Vater war halt krank. Gazi, der älteste der Geschwister, habe Probleme, die Medikamente für seinen Vater zu bezahlen. Wofür die Medikamente gut waren, wusste Gazi nicht. Ein Arzt hatte sie verschrieben, ohne die Sache genauer zu erklären. Gazis Frau hatte der Korrespondent nicht getroffen.

Das Wichtigste, was wir erfuhren: Gazi hatte in der Zwischenzeit seine Arbeit verloren. Wir vermuteten, dass sein Chef von dem Zettel erfahren hatte, den Gazi um die Welt geschickt hatte. Dass er nicht begeistert davon gewesen sein dürfte, lag auf der Hand.

Vielleicht hatte ja ein neidischer Kollege dem Chef etwas gepetzt, oder es stand dort in der Zeitung. Jedenfalls war Gazi von heute auf morgen gekündigt worden. Ich vermutete, dass jemand Angst hatte, sämtliche Textilien aus Bangladesch könnten zukünftig mit Zettelchen versehen werden.

Auf der einen Seite spürte ich Genugtuung angesichts der Ausführungen des Redakteurs, weil mich meine Intuition nicht getäuscht hatte. Auf der anderen Seite wurde deutlich, dass die ganze Angelegenheit nicht mit ein, zwei Briefen zu erledigen wäre.

Wir erfuhren noch mehr. Dass wir Gazi dreiundzwanzig Dollar geschickt hatten, ging in seiner Nachbarschaft herum wie ein Lauffeuer. Das bedeutete, dass wir ab jetzt kein Geld mehr senden konnten, ohne zu riskieren, dass die Briefe, von wem auch immer, geöffnet wurden.

»Briefkästen wird es dort vielleicht nicht an allen Häusern geben«, mutmaßte Martin und wusste gar nicht, wie recht er damit hatte. Vielmehr werden Briefe, wenn es gut läuft, an einer Sammelstelle an irgendeiner Kreuzung in einer Art Tante-Emma-Laden oder bei einem Ortsvorsteher hinterlegt, wo sich die Einheimischen dann melden können, wie wir später erfuhren.

Man kann es Schicksal nennen, von Gott gewollt oder einfach Zufall: Aber dass wir die Nachricht gefunden hatten, sah ich gleichzeitig als Chance wie auch als eine Art Fingerzeig von wem auch immer. Wir hatten inzwischen in Erfahrung gebracht, dass man in Gazis Heimat mit – für unsere Verhältnisse – wenig Geld eine Menge bewegen kann. Martin legte zwar nicht den gleichen Enthusiasmus an den Tag wie ich, aber im Grunde waren wir einer Meinung.

Uns war klar, dass wir Gazi längerfristig helfen wollten.

Leider ist Bangladesch nicht nur eines der ärmsten, sondern auch eines der korruptesten Länder der Welt. Aktuell liegt es, laut Transparency International, auf Platz 143 von 180. Die Chance, dass ein weiterer Brief mit Bargeld von uns Gazi erreichen würde, war alles in allem nicht besonders hoch. Wir gingen andere Möglichkeiten durch – Bargeldtransfer etwa über *Western Union* und andere Anbieter. Das Problem: Der Empfänger benötigt ein Passwort, um das Geld von einer Bank abholen zu können. Wie sollten wir Gazi das mitteilen? Per Brief? Mit diesem Passwort hätte jeder zu einer Bankfiliale des Anbieters gehen und das Geld abheben können. Es war also ebenso unsicher, das Passwort zu schicken, wie Bargeld.

Die für uns Europäer am nächsten liegende Möglichkeit, jemandem Geld zukommen zu lassen – nämlich durch eine Überweisung auf sein Bankkonto –, kam aus einem einfachen Grund nicht infrage: Gazi hatte kein Konto. Das gilt bis heute für die meisten Bangladescher. Entweder bekommen sie keines, weil sie keine Bank finden, die sie als Kunden annimmt, oder die Kontoführungsgebühren sind zu hoch. Löhne werden in der Regel bar ausbezahlt.

Bei allem Willen von unserer Seite, etwas Gutes zu tun, hatten wir Gazi bisher nur einen Bärendienst erwiesen: Er stand ohne Arbeit und somit ohne eigenes Einkommen da. Wie lange es dauern würde, bis er eine neue Arbeit bekäme, stand in den Sternen. In meiner Magengegend machte sich bei dem Gedanken ein unwohles Gefühl breit.

Vor allem aber hatte ich keine Ahnung, wie es weitergehen sollte.

In den folgenden Monaten warf unser Postbote weitere Schreiben von unserem neuen Brieffreund bei uns ein. Insgesamt erhielten wir vier Briefe. Wir erfuhren jetzt auch von Gazi persönlich, dass er arbeitslos war. Seine neu gewonnene Freizeit schien er nicht mit Englischunterricht zu nutzen. Seine Wortwahl blieb, wohlwollend ausgedrückt, recht kreativ. Einige Auszüge:

Bangladesh is small country, but population growth is very problem.
There are many Germany in Bangladesh. Many Germany Import/Export.
I am sorry, to give you so much trouble. You come here Bangladesh.

Er schrieb also über das Bevölkerungswachstum, dass viele Deutsche in seinem Land Waren im- und exportierten und dass es ihm leidtue, wie viel Ärger er uns bereite.

Eine neue Arbeit zu finden sei für ihn schwierig, obwohl er zur Schule gegangen sei, schrieb er zudem.

»Es sagt ja schon viel aus über ein Land, wenn sich jemand wundert, keine Arbeit zu bekommen, obwohl er doch in der Schule war«, sagte ich kopfschüttelnd zu Martin.

Gazi schickte uns sogar eine Kopie seines letzten Zeugnisses. Es hieß »Higher Certificate Examination«. 1995 hatte er seinen Abschluss gemacht in der »Humanities Group«, also bei den Geisteswissenschaften. Ein Studium in unserem Sinn, so fanden wir heraus, war das aber nicht.

Seine Frau Raija wollte auch ihren Schulabschluss schaffen. Gazi schrieb, dass die Abschlussprüfung Geld kosten würde, angeblich umgerechnet rund einhundertzwanzig Euro.

Das Problem an der Krankheit seines Vaters war laut Gazi, dass die Familie die Medikamente nicht zahlen konnte. Somit änderte sich auch nichts am Gesundheitszustand des Vaters. Näher beschrieb Gazi diesen nicht.

Ich versuchte im Internet Informationen über das Gesundheitssystem in Bangladesch zu finden, was nicht besonders schwer war.

Eine Krankenversicherung in unserem Sinn existiert für die Normalbevölkerung nicht. Wer ärztliche Versorgung benötigt oder Medikamente, bezahlt dafür bar. Es gibt in Bangladesch staatliche Gesundheitszentren und Privatkliniken. Die staatlichen Krankenhäuser werden überwiegend aus Steuermitteln finanziert. Offiziell sind die meisten Leistungen dort kostenlos, aber inoffiziell müssen die Kranken »Gebühren« zahlen. Leider sorgt das korrupte System dafür, dass viele Ärzte, die eigentlich an staatlichen Krankenhäusern angestellt sind, dort nicht erscheinen und stattdessen ihre Dienste in Privatkliniken verrichten. Diese bieten höhere Löhne und haben einen besseren medizinischen Ruf. Solche Behandlungen sind für Menschen wie Gazi im Normalfall jedoch unbezahlbar. Vielleicht eine Folge dessen: Die statistische Lebenserwartung liegt in Bangladesch mehr als zehn Jahre unter der in Deutschland.

Eine Art soziales Netz bei Arbeitslosigkeit, wie bei uns etwa ALG I und ALG II, existiert in Gazis Welt auch nicht. Aus seinen Zeilen lasen wir heraus, dass er von so etwas noch nicht einmal im Entferntesten gehört hatte. Auf seinem »Planeten« sieht die Absicherung so aus: Familienmitglieder helfen sich in Notfällen gegenseitig, zur Not springt die Dorfgemeinschaft ein. Manche haben auch Glück und werden von einer Hilfsorganisation unterstützt. Von staatlicher Seite können die Ärmsten keine Hilfe erwarten.

Kein Wunder, dass Deutschland in den Augen Gazis das Paradies ist. Die Menschen hier haben die Möglichkeit, regelmäßig Fleisch zu essen, und wohnen in Häusern mit festen Mauern. Jeder fährt in dem fernen Land ein eigenes Auto, besitzt mehrere Paar Schuhe, Ärzte dürfen Patienten in Notfällen nicht einfach fortschicken, nur weil die gerade ihr Portemonnaie vergessen haben. Alles unvorstellbar aus der Sicht eines Menschen, der in Südbangladesch aufgewachsen ist.

Trotzdem blieb natürlich die Frage, ob jedes Detail in den Briefen stimmte. Etwa die Sache mit der Abschlussprüfung seiner Frau – umgerechnet hundertzwanzig Euro sollte die angeblich kosten. Das kam mir recht viel vor. Vielleicht stimmte es, vielleicht übertrieb er aber auch hier und da. Wir wussten es schlichtweg nicht.

»Ich würde doch auch meine Notsituation aufbauschen, wenn ich die Hoffnung hätte, von ›reichen‹ Deutschen unterstützt zu werden«, sagte unsere Tochter Judith.

Tatsächlich ging es uns nicht um die moralische Frage, wie ehrlich dieser Mann war, sondern darum, dass wir helfen wollten, wenn es seiner Familie tatsächlich schlecht ging. Und nach allem, was wir wussten, tat es das.

Was wir uns immer wieder vor Augen führten: Kommt man auf eine so schräge Idee wie die mit der Nachricht im Hemd, wenn man nicht wirklich verzweifelt ist?

Für uns stand nach einigem Hin und Her schließlich fest: Wir wollten dem Mann helfen – auch wenn wir nicht wussten, ob jedes Detail seiner Ausführungen stimmte. Was hatten wir schon zu verlieren? Ein paar Euro vielleicht, die uns nicht allzu wehtun würden, aber dort eine Menge bewirken könnten. Und schon zu diesem Zeitpunkt hatten ja auch wir etwas von der Bekanntschaft zu Gazi. Nicht finanziell, aber wir erfuhren durch ihn eine Menge, wir erweiterten unseren Horizont, wir befassten uns mit einem Thema, für das wir ohne ihn blind geblieben wären.

Ich würde nicht sagen, dass sich unser ganzes Leben in dieser Zeit um Gazi drehte. Aber er beschäftigte uns doch täglich. Das änderte bald auch unsere Sichtweise auf unser eigenes Leben.

Wir wussten vorher schon, dass es Deutschland, verglichen mit anderen Regionen der Erde, wirtschaftlich sehr gut geht. Aus diesem theoretischen Wissen wurde mit einem Mal etwas Greifbares. Wir lernten nach und nach einen Menschen kennen, der keine Chance hat, ein so bequemes, ich würde sogar sagen, luxuriöses Leben zu führen wie wir.

Jemand völlig Fremdes führte uns vor Augen, wie unerreichbar für die meisten Menschen Dinge sind, die uns völlig normal erscheinen. Das beschäftigte mich und unsere ganze Familie sehr, im Positiven wie im Negativen. Einerseits wissen wir etliche Dinge unseres Lebens seitdem weit mehr zu schätzen. Andererseits erfüllt es uns auch mit Kummer, wie vielen Menschen es eben nicht so geht.

Für uns wurde immer klarer: Wir können nicht die ganze Welt retten. Uns wurde jedoch die Chance gegeben, ganz direkt jemanden zu unterstützen, der Hilfe nötig hatte.

Ich schickte Gazi in den nächsten Monaten noch zwei Briefe, in denen ich detaillierter über unser Leben schrieb. Womit wir unsere Zeit verbringen etwa und wie er sich unsere Stadt und unsere Wohngegend vorstellen müsse. Geld steckte ich keines mehr hinein. Wir machten uns zwar keine Sorgen, dass wir Geld zum Fenster hinauswerfen würden, indem wir Gazi unterstützten, aber dass irgendwelche Leute, die von unserer Bekanntschaft zu Gazi gehört hatten, sich an den Briefen bedienen könnten, das wollten wir nicht riskieren.

Wir spendeten zu dieser Zeit wie schon seit Jahren monatlich dreißig Euro an das Deutsche Rote Kreuz. Diesen Betrag könnten wir zusätzlich auch Gazi regelmäßig zukommen lassen, aber nur auf sichere Weise. Allerdings wussten wir beim besten Willen nicht, wie wir das anstellen sollten.

4

Der erste Flug meines Lebens

»Wie geht es Gazi und seiner Familie wohl inzwischen?«, fragte ich Martin irgendwann Anfang 2006. »Es muss sich für ihn anfühlen wie eine emotionale Achterbahnfahrt. Vor einigen Monaten war er so verzweifelt, dass er auf die Idee mit der Flaschenpost im Herrenhemd kam. Dann reichten wir ihm einen Strohhalm der Hoffnung, und jetzt hat er keine Arbeit und somit gar kein Einkommen mehr.«

Martin wusste auch nicht weiter. »Ihm ist klar, dass wir ihm helfen wollen, aber er weiß ja selbst nicht, wie wir das anstellen können. Ist zum Heulen.«

Was hatte Gazi noch geschrieben? Er würde sich freuen, wenn wir ihn einmal besuchen würden. Eine schöne Vorstellung, aber das war für uns wirklich ganz fern des Möglichen. Wir verschwendeten nicht einmal einen Gedanken daran.

Es mag in heutiger Zeit seltsam erscheinen, aber bis zu diesem Zeitpunkt war ich noch kein einziges Mal in meinem Leben geflogen. Nicht nach Mallorca, nicht innerhalb Deutschlands, nirgendwohin. Ich war ein paar Mal in Holland gewesen, auch Belgien und Österreich hatte ich besucht – und das war's. Wir waren immer mit dem Auto unterwegs gewesen. Mit Fernreisen hatte ich null Erfahrung.

Dabei schreckte mich weniger, von zu Hause fort zu sein, als vielmehr in einem fernen Land inmitten einer fremden Kultur zu sein, in der ich mich nicht auskannte.

Martin war bis dahin zwei Mal geflogen – nach England. Flugzeit: eine gute Stunde. Mein Mann spricht kein Englisch, daher waren das bereits große Abenteuer für ihn.

Aber in dieses ferne Land? Das war eine ganz andere Hausnummer. Mein Englisch ist, so würde ich bei aller Bescheidenheit behaupten, weit besser als das von Gazi. Aber richtig sicher fühle ich mich in der Sprache auch nicht.

Das größte Hindernis von allen: Wie sollten wir eine solche Reise organisieren? Von TUI-Reisen nach Bangladesch hatte ich jedenfalls noch nie etwas gehört. Das Dorf, in dem Gazi wohnte, war auf keiner Karte eingezeichnet, es gab auch keine öffentlichen Verkehrsmittel, die sich für Touristen wie uns eigneten. Außerdem besaßen Martin und ich nicht einmal Reisepässe. Also: Nach Bangladesch? Keine Chance – dachten wir.

Irgendwann im September 2006 rief uns ein Redakteur von stern TV an, Dirk Höner. Er wolle gerne einmal wegen der Sache mit Gazi bei uns vorbeikommen und mit uns darüber sprechen. Er habe den Artikel im »SPIEGEL« gelesen.

Sollten wir wegen dieser Zettel-Geschichte jetzt auch noch ins Fernsehen kommen? Stern TV wurde damals noch von Günther Jauch moderiert. Die Sendung hat im deutschen Fernsehen schon einen gewissen Stellenwert. Wir waren also zunächst etwas aufgeregt, sagten einem Vorgespräch aber zu. Der Zufall wollte es, dass die Redaktion von stern TV nur rund 20 Kilometer von uns entfernt ist. Der Redakteur wollte am nächsten Tag persönlich vorbeikommen.

Am folgenden Nachmittag um fünfzehn Uhr stand ich mit Martin am Fenster unseres Esszimmers. Unsere Verabredung war etwas spät dran.

Ein Radfahrer hielt plötzlich vor unserer Tür. Auf dem Gepäckträger transportierte er etwas, das aussah wie ein paar eingepackte Kuchenstücke vom Bäcker.

Martins erster Eindruck: »Was ist das denn für ein komischer Kauz?«

Das Gespräch mit ihm war dann aber sehr nett, der Kuchen lecker. Wir unterhielten uns eine Weile, waren uns sympathisch. Er wollte uns in den nächsten Tagen mit einem Kamerateam filmen, Interviews machen, ein paar Bilder drehen, keine große Sache. Er könne sich gut vorstellen, dass diese Geschichte etwas für stern TV wäre.

Wir sagten direkt zu. Was konnte es schaden? Wir waren nicht besonders erpicht darauf, in der Öffentlichkeit zu stehen, aber eine neue Erfahrung machen, warum nicht? Außerdem hatten uns die bisherigen Medienkontakte in Sachen Gazi geholfen und keine Nachteile gebracht.

Während des Interviews eine Woche später ging es auch darum, wie wir Gazi denn nun zukünftig helfen könnten. Wir erklärten unser Dilemma.

Herr Höner sagte, die beste Lösung sei doch, Gazi einmal zu besuchen. Falls wir eine Reise ins Auge fassen würden, könne er bei der Organisation helfen. Dafür würde er uns aber auch gern mit einem Kamerateam begleiten. Stern TV hätte Erfahrung mit solchen Auslandsreisen.

Oh Gott, dachte ich, meint der das wirklich ernst? Was bedeutete das genau? Würde Gazi das überhaupt wollen? Wie würde die Reise ablaufen? Wie lange würden wir dort bleiben? Martin und ich waren noch weit davon entfernt, Antworten auf all diese Fragen erhalten zu haben, da hörten wir uns schon sagen: »Von uns aus fliegen wir gern dorthin, und zwar so schnell es geht.« Komischer Kauz hin oder her, wenn der uns half, Gazi zu besuchen, waren wir dabei.

Es gab Tage, da sollten wir diese Entscheidung noch bereuen.

Die Sache mit der Reise wurde tatsächlich schon bald konkret. Es gab ein kleines Zeitfenster, das für uns alle passte. Nur wenige Wochen später, Anfang Oktober, sollte es losgehen.

Wir beantragten Urlaub für eine Woche und vorläufige Reisepässe, denn für reguläre reichte die Zeit nicht. Impfen ließen wir uns nicht. Die Reise ins Ungewisse sollte ja nicht lange dauern, da würde schon nichts passieren, sagten wir uns.

Martin und ich taten vor anderen und vor uns selbst so, als ob wir genau wüssten, was wir da vorhatten. Wir kauften einen Reiseführer und schauten nach, auf welches Klima wir uns einstellen mussten. Wir lasen ganze Kapitel zu Gefahren wie dem Verkehr, zu Krankheiten wie Cholera, Denguefieber oder Malaria in Bangladesch, und was man auf keinen Fall tun sollte, wie etwa auffällig viel Haut zu zeigen und in

Demonstrationen zu geraten. Wir organisierten alles so, wie wir es für richtig hielten.

Die Kinder würden in der Obhut meines Vaters gut aufgehoben sein. Aber was uns genau erwartete, ob *wir* auch gut aufgehoben sein würden in dieser uns völlig unbekannten Welt, davon hatten wir keinen blassen Schimmer.

Wir schrieben Gazi von unseren Reiseplanungen, bekamen aber keine Post zurück, dafür brauchen Briefe in sein Dorf einfach zu lange.

Dirk Höner versicherte uns, dass er über einen bangladeschischen Kameramann Gazi habe ausrichten lassen, dass wir kommen würden – und er freue sich sehr.

»Sollen wir das wirklich machen?«, fragte ich Martin einige Tage später.

»Wir haben die Chance herauszufinden, wie Gazi lebt. Ihn wirklich kennenzulernen. Wir können mit eigenen Augen sehen, wie groß seine Not ist, und lernen Menschen kennen, zu denen wir unter anderen Umständen niemals Kontakt knüpfen könnten«, überzeugte mich Martin – und sich selbst gleich mit dazu.

Die Zeitspanne zwischen unserer Zusage und dem tatsächlichen Abflug betrug nur rund drei Wochen. Ich war so sehr mit Vorbereitungen beschäftigt, dass ich fast gar keine Zeit hatte, mir meiner eigenen Aufregung bewusst zu werden. Die war aber vorhanden, und zwar nicht zu knapp.

Mein Mann und ich wollten vor allem zwei Dinge erreichen: Zum einen war es unser Ziel, in Erfahrung zu bringen, was an dem Hilferuf dran war, warum genau Gazi den Zettel geschrieben hatte. Dazu gehörte natürlich auch zu ergründen, was für ein Mensch er war, wie er lebte und worüber er sich Gedanken und Sorgen machte. Zum anderen wollten wir mit ihm absprechen, auf welche Weise wir ihm Geld zukommen lassen könnten, falls sich vor Ort nicht doch herausstellen sollte, dass an der Geschichte etwas faul war.

Während hier das Wetter herbstlich wurde, sollte es zu dieser Zeit in Bangladesch schwülwarm sein, mit Tagestemperaturen über dreißig Grad. Ich empfand Vorfreude angesichts der sommerlichen Temperaturen. Wie naiv ich doch war. Dreißig Grad können mit etwas Wind an einem Strand fantastisch sein. Bei hundert Prozent Luftfeuchtigkeit in einem Siebzehn-Millionen-Einwohner-Moloch fühlt sich das, wie ich heute weiß, anders an.

Wir packten also überwiegend leichte Kleidung ein, dazu eine respekteinflößende Reiseapotheke und Handtücher. Unsere Älteste, Christina, freute sich für uns. Sie lachte schallend, als sie den Inhalt unserer Koffer sah. Ob es in Hotels in Bangladesch keine Handtücher gäbe, fragte sie. Um ehrlich zu sein, wir wussten es nicht. Sicher ist sicher, dachten mein Mann und ich.

Unsere drei jüngeren Kinder hatten eher Angst um uns. Obwohl sie noch so jung waren, spürten sie, dass Mama und Papa sich in ein großes Abenteuer aufmachten.

»Ihr kommt aber wieder, oder?«, fragte Steffi mit großen Augen am Tag vor der Abreise.

Trotz der Vorfreude auf dieses Abenteuer hatten wir natürlich auch Ängste, vor allem Möglichen. Wir versuchten, positive Gefühle die Oberhand behalten zu lassen, was uns ganz gut gelang.

An einem Dienstagabend gegen neunzehn Uhr verabschiedeten wir uns an unserer Haustür von unseren Lieben. Ich vergoss ein paar Tränen, die Kinder dagegen freuten sich auf eine Woche sturmfreie Bude.

»Hört auf den Opa!«, war das Letzte, was ich zu ihnen sagte.

Bepackt mit genügend Kleidung, um damit ein halbes Jahr über die Runden zu kommen, ging es zum Flughafen Düsseldorf. Die Reiseorganisation hatte zum größten Teil stern TV in die Hand genommen.

Zum Glück hatte ich keine allzu große Flugangst. Wie auch? Ich war ja noch nie geflogen, wusste also nicht, was mich erwarten würde.

Martin und ich saßen im Abflugbereich auf den schwarzen Lederstühlen nur wenige Meter von der mir riesig vorkommenden Maschine entfernt, die uns zunächst zum Zwischenstopp nach Dubai bringen sollte. Ich hörte eine Durchsage für einen anderen Flug: »Alle Reisenden gebucht auf Condor nach Antalya bitte zum Ausgang B12.«

Antalya, Synonym für deutschen Massentourismus, hörte sich für mich schon sehr exotisch an. Wir aber waren auf dem Weg in ein richtiges Abenteuer.

»Eigentlich hätten wir für unseren Mut einen fetten Applaus von den anderen verdient«, sagte ich zu Martin.

Wir waren zu dritt unterwegs: Dirk Höner, mein Mann und ich. Das Kamerateam, das uns zu Gazi begleiten sollte, würden wir in Bangladesch treffen.

Der erste Flug meines Lebens dauerte rund sechs Stunden und verlief unspektakulär. Eine Stunde nach dem Start gab es eine Durchsage des Kapitäns auf Deutsch, Englisch und Arabisch. Mir hatten alle vorher geraten, ich solle versuchen zu schlafen. Das klappte bei mir aber nicht. Mein Mann dagegen hatte die Augen schon zu, da waren wir noch im Steigflug.

Martin nahm nicht nur den langen Flug gelassen, er ging die Sache schon vom Grundsatz her pragmatisch an. Nach dem Motto: »Da ist ein Mensch, dem es schlecht geht. Dem helfen wir jetzt.« Seine Vorstellung von dem Leben in Bangladesch drückte er so aus: »Ich glaube, da auf dem Land gibt es viel Armut, sicher auch Slums. In den größeren Städten erwarte ich aber auch Geschäftsviertel und eine soziale Mittelschicht.« Viele Fakten hatte Martin sich jedenfalls nicht angelesen. Er meinte, er wolle sich lieber ein eigenes Bild machen. Ich dagegen hatte im Internet eine ganze Reihe Artikel über das Land, die Infrastruktur und die Lebensverhältnisse dort angeklickt, fühlte mich also halbwegs gut vorbereitet. Während des Fluges hoffte ich nur, dass es unseren Kindern zu Hause gut ging.

Am Flughafen in Dubai genehmigten wir uns alle ein Bier und stießen auf die kommenden Tage an. Ein gewisser Stolz erfüllte mich, war ich doch jetzt so etwas wie eine richtige Weltenbummlerin.

Nach drei Stunden Zwischenstopp flogen wir direkt weiter nach Dhaka, der Hauptstadt von Bangladesch. Ich schaute zwei Filme, bekam aber nicht viel von dem Inhalt mit. Stattdessen kreisten meine Gedanken um die Frage, ob das wirklich wahr war, was wir hier gerade erlebten.

Immer wieder stellte ich mir die gleichen Fragen:

Wer ist dieser Gazi? Wie lebt er? Warum schrieb er diese Nachricht? Wie sieht sein Zuhause aus?

Auch um banale Dinge machte ich mir Gedanken: Was für Kleidung trägt so jemand? Wie spricht er? Ich war so gespannt auf die Antworten!

Die Durchsagen vom Kapitän gab es jetzt nur noch auf Arabisch und Englisch, was mir bewusst machte, dass wir unsere sichere Heimat schon weit hinter uns gelassen hatten.

Wieder gab es keine großen Turbulenzen oder sonstigen unerwarteten Schwierigkeiten. Ich fühlte mich entspannt, auch wenn ich in dieser Nacht kein Auge zugetan hatte. Je näher wir unserem Ziel kamen, desto deutlicher spürte ich Vorfreude in mir aufsteigen.

Unter uns, es war hier schon wieder Tag, konnte ich jetzt Städte erkennen. Die Häusersiedlungen erschienen grau, die Flüsse braun. Von oben sah alles sehr friedlich aus. So gelassen kann die Reise weitergehen, dachte ich.

Tatsächlich war meine Seele aber enorm aufgewühlt, nur mein Bewusstsein meldete mir das nicht. Vielleicht kann man es mit der ersten Verabredung eines verliebten Teenagers vergleichen: Man versucht, möglichst souverän zu wirken, aber das Herz schlägt wie verrückt. Erst am Ende der Reise sollte ich wirklich merken, unter welcher Anspannung ich die ganze Zeit gestanden hatte.

In unserem Flugzeug, das grob gerechnet hundertfünfzig Menschen beförderte, saß außer uns kein einziger Weißer. Für mich sahen die Leute vom äußeren Erscheinungsbild aus wie gut situierte Inder.

Laut dem Bildschirm in meinem Vordersitz flogen wir

jetzt nördlich von Kalkutta in Richtung Osten. Der Pilot landete das Flugzeug pünktlich um siebzehn Uhr Ortszeit in Dhaka. Jetzt waren gerade einmal sechzehn Stunden vergangen, dass wir unsere Kinder gedrückt hatten, und ich machte mir schon Sorgen.

»Hoffentlich schafft mein Papa das alles mit den Kindern«, sagte ich zu Martin. Wir waren vorher noch nie mehrere Tage von unseren Kleinen getrennt gewesen. So aufregend die Vorstellung auch war, in Kürze dieses uns völlig unbekannte Land kennenzulernen, beschäftigte mich die Angst um unsere Kinder plötzlich am meisten.

»Mach dir keine Sorgen. Verhungern werden sie nicht. Und wir können uns ja jeden Tag per Telefon bei ihnen melden«, beruhigte mich Martin.

In dem schlauchartigen Gang, der das Flugzeug mit dem Terminal verband, empfing uns das Land mit schwerer, warmer Luft.

Zu meiner großen Erleichterung waren unsere Koffer mit uns befördert worden und heil angekommen. Der Flughafen wirkte auf mich nicht besonders einladend. Es roch nach einer Mischung aus Desinfektionsmitteln und kerosinverseuchter Luft. Auf der Toilette stank es.

Aus dem Reiseführer wussten wir, dass Dhaka kein sehr beliebtes Reiseziel für Menschen aus dem Westen war – das Buch sollte recht behalten. Bei der Visakontrolle gab es zwei Schlangen, eine für Einheimische, eine für alle anderen. Wir waren die Einzigen bei »alle anderen«.

Ob einladend oder nicht, voller positivem Tatendrang stapften wir aus dem Terminal. Bald, so hofften wir, würden wir die schönen Wälder und Flüsse sehen, die Gazi in seinen Briefen beschrieben hatte.

Erst einmal traf uns aber die volle Wucht dessen, was es heißt, ein Entwicklungsland zu besuchen.

Die nächsten Minuten werde ich niemals vergessen.

5

Eine neue Kultur und gleich ein Schock

Das Positive an der modernen Luftfahrt ist, dass man recht zügig große Strecken überwinden kann. Das Ganze hat aber einen entscheidenden Nachteil: Die Seele braucht eine Weile, bis sie sich an die neue Situation gewöhnt hat.

Ich habe einmal gelesen, dass Aborigines, die Ureinwohner Australiens, wenn sie größere Distanzen mit dem Zug zurückgelegt haben, sich am Ziel zunächst einmal vor den Bahnhof setzen und warten, bis auch »ihre Seele« angekommen ist. Ich hab's nicht so mit Esoterik, aber in diesen Momenten am Flughafen in Dhaka wusste ich genau, was die Aborigines meinten.

Der Begriff »Kulturschock« trifft es ganz gut, klingt aber nicht hart genug für das, was wir erlebten.

Die gläserne Schiebetür des Flughafengebäudes öffnete sich, wir gingen hindurch. Das Erste, was mir auffiel, war ein unangenehmer, süßlicher Geruch. Es stank modrig. Die Luft fühlte sich an, als ob jemand mir einen heißen Föhn ins Gesicht hielte. Zu meiner Linken stand ein baufälliges, verwittertes Gebäude. Inzwischen weiß ich, dass dies das Parkhaus des Flughafens ist.

Mein Blick ging nach rechts entlang eines Begrenzungszauns, von dort hörte ich laute Geräusche. Der Zaun bestand aus eng nebeneinander befestigten, zwei Meter hohen Metallstäben. Die »Geräusche« waren Schreie von Menschen. Martin sagte später, für ihn habe es sich angehört wie ein Bürgerkrieg …

»Was ist denn hier los?«, fragte er mich.

»Das weiß ich doch nicht. Sieht aus, als wollten die den Flughafen stürmen«, gab ich zur Antwort, ohne dass ich den Blick vom Zaun wendete.

Der Zaun trennte die reale Welt der Einheimischen von einer künstlichen, nämlich der des Flughafens. An der Außenseite der Begrenzung warteten dicht gedrängt Hunderte Menschen. Viele von ihnen standen nicht, sie hingen an dem Zaun, hatten sich mit ihren Händen in die Spalten eingehakt, um nicht herunterzufallen. Einige saßen gar oben auf dem Gestänge. Hunderte Männer mit fratzenartigen Gesichtszügen. Und alle schrien.

Der Anblick war furchteinflößend.

Aus Hunderten Kehlen drangen Laute, die für uns völlig fremd waren. Wir verstanden kein Wort, konnten uns nicht ansatzweise erschließen, was sie schrien, aber es klang in meinen Ohren fürchterlich aggressiv. Viele fuchtelten wild mit Armen und Händen. Für uns sahen die Männer alle gleich aus. Dunkle Haare, dunkler Teint, nur ihre Kleidung war bunt. Das Schreien wurde nicht stärker, aber auch nicht schwächer. Es blieb eine konstante Geräuschkulisse, die uns erschaudern ließ.

Was in aller Welt war das? Eine Art Demonstration? Ein Aufstand? Ich konnte keinen klaren Gedanken fassen. Ich sah zunächst Martin an, dann den Redakteur. Keiner der beiden hatte einen blassen Schimmer, was da los war. Keiner von uns hatte etwas Derartiges schon einmal gesehen oder gehört. Viele der Schreienden blickten uns an. Wir waren uns sicher, dass das Getöse uns galt. Das machte die Sache nur noch schlimmer. Ich dachte, die Meute stürmt jeden Moment los und raubt uns aus. Mindestens.

»Eigentlich«, sagte der Redakteur eine Spur zu unbedarft, »sollte uns ein Fahrer direkt am Terminal abholen.« Aber weit und breit war niemand in einem wartenden Auto zu sehen. Nicht einmal Taxis schien es hier zu geben.

Unser Unbehagen wurde durch das extreme Klima nicht besser. Der Kapitän hatte kurz vor der Landung sechsunddreißig Grad und neunzig Prozent Luftfeuchtigkeit angekündigt. Es fühlte sich noch heißer und drückender an. Man sagt in Deutschland gerne, dass die Luft vor heftigen Sommergewittern zum Schneiden ist. Das hier war zig Mal so schlimm, aber Gewitterwolken waren weit und breit keine zu sehen.

Reisende mit völlig überladenen Gepäckwagen liefen kreuz und quer über den Vorplatz. Ich dachte, wir hätten schon viel Kram dabei, aber das Gepäck dieser Leute hätte nicht einmal in einen Kleinbus gepasst.

Und noch immer hielt das Gegröle an.

So hatte ich mir unser Abenteuer nicht vorgestellt. Ich bekam Panik. Auch Dirk – wir duzten uns mittlerweile –, der ja ebenfalls eine Art Reiseführer für uns war, wirkte ratlos. Er hatte gesagt, alles wäre perfekt organisiert, Fahrer, Hotels, Essen. Und jetzt? Wir schafften es nicht einmal, vom Flughafen ins Hotel zu kommen.

Ich bemerkte, wie Martin ihn etwas missmutig ansah. Ich wusste genau, was er dachte: »Das meint der doch jetzt nicht ernst. Der lässt uns um die halbe Welt fliegen und weiß dann nicht einmal, wie man ins Hotel kommt?«

»Ich glaube, die wollen den Flughafen stürmen«, entfuhr es Martin mit Blick auf den Zaun. Der schien stabil zu sein. Aber was, wenn er doch nachgäbe?

Neben uns hatten zwei Sicherheitskräfte des Flughafens Posten bezogen. Einer war mit einem Schlagstock bewaffnet, der andere trug ein Maschinengewehr. Sicherer war mir dadurch nicht zumute. Der Mann mit dem Gewehr sah ernst in die von uns abgewandte Richtung. Warum er seit Minuten ins Leere guckte, war mir schleierhaft.

Dirk wandte sich ihm zu. Der Bewaffnete sprach ein paar Brocken Englisch und verstand, dass wir um Hilfe baten. Er gab uns zu verstehen, dass er uns helfen könnte – unter einer Bedingung. Er wollte dafür Zigaretten haben.

Für einen Moment waren wir fassungslos. Wir hatten im Reiseführer gelesen, dass Staatsbedienstete miserabel bezahlt wurden und viele sich bestechen ließen. Aber dass wir nicht einmal richtig im Land waren und schon mit diesem korrupten System konfrontiert sein würden, damit hatten wir nicht gerechnet. Zigaretten gaben wir ihm keine, denn dieses System wollten wir nicht unterstützen, auch nicht im Kleinen.

Aber was sollten wir tun? Martin traue ich durchaus die ein oder andere Heldentat zu, aber alleine gegen die Bande da draußen zu kämpfen, das wäre doch eine ziemlich große Herausforderung gewesen. Ich wollte in dem Moment nichts anderes, als direkt wieder in den Terminal zu gehen und so schnell es ging nach Hause zu fliegen. Da gab es Millionen und Abermillionen Menschen in Bangladesch. Ich dachte mir: Was bist du nur für ein dummes Huhn, dass du dich für einen einzigen von ihnen in diese Gefahr begibst? Was war das für eine abstruse Idee, einen Mann besuchen und ihm helfen zu wollen, der in einer völlig anderen Welt lebte, die mit unserer nichts, aber auch gar nichts zu tun hatte. Sollten das doch irgendwelche Hilfsorganisationen machen, die hatten mehr Erfahrung mit so etwas. In diesem Moment war ich mir ganz sicher: Das hier war ein Fehler. Und zwar einer der größeren Sorte.

Plötzlich hielt ein Wagen neben uns. Der Fahrer gab uns zu verstehen, dass es sich um den für uns bestellten Wagen handelte. Keine Ahnung, wo er plötzlich herkam und wie er uns gefunden hatte, aber er war da, und das war gut so, auch wenn er mehr als zwanzig Minuten zu spät kam. Wir verstauten unsere Sachen in dem dreckigen Kofferraum. Ich schloss die Tür des dunkelgrauen Wagens einer Marke, die ich nicht kannte. Wenige Sekunden später öffnete ein Uniformierter per Hand ein Tor in dem Umgrenzungszaun, und wir fuhren hupend durch den Menschenwall hindurch auf eine Landstraße in Richtung Innenstadt. Einige der Männer an dem Zaun guckten uns an. Aus der Nähe sahen sie gar nicht mehr so bedrohlich aus. Trotzdem, bloß weg hier.

Dann endlich erfuhren wir, was es mit den Menschen am Zaun auf sich hatte. Der Fahrer erzählte uns, diese Leute seien Bekannte von Reisenden, die auf sie warteten. Niemals hätte ich gedacht, dass das hier ganz normaler Alltag war, wenn eine große Maschine aus dem Ausland landete.

Ich hatte immer angenommen, Flughäfen seien öffentlicher Raum, zu dem alle Menschen uneingeschränkt Zugang hätten, auch die ohne Flugticket, um etwa auf die Besucherterrasse zu gehen, oder einfach nur, um mit Kindern die Atmosphäre der großen weiten Welt aufzusaugen. In den meisten Ländern ist das wohl auch so.

Für Dhaka gilt das nicht. Zum Terminal dieses Flughafens haben Menschen ohne ein Flugticket keinen Zugang.

Da sie nicht hineindürfen, warten sie halt draußen und schreien, um sich bemerkbar zu machen.

Ich würde gern behaupten, dass durch diese Information mein Unbehagen abnahm. Aber das dauerte noch eine ganze Weile. Zu eindringlich war die Erfahrung gewesen. Und vor allem war ich mir sicher, dass dies nicht die einzige unangenehme Situation sein würde.

Wir fragten unseren Fahrer, wieso er zu spät gekommen war. Er schien die Frage nicht wirklich zu verstehen und meinte nur: »Ich wusste doch, dass Sie warten würden.«

Martin öffnete den Mund, wollte etwas erwidern. Ich hielt ihn sachte davon ab. Dieser Logik waren wir nicht gewachsen.

Die Fahrt zum Hotel dauerte etwa eine halbe Stunde. Den Verkehr chaotisch zu nennen wäre eine maßlose Untertreibung gewesen und hätte die wahren Verhältnisse auf der Straße nicht annähernd beschrieben. In Bangladesch herrscht Linksverkehr. Der stellte sich so dar:

Es gab auf der Hauptstraße drei Spuren in jede Richtung.

Die Autos fuhren aber teilweise zu siebt nebeneinander – in beiden Richtungen!

Der Abstand zu dem Fahrzeug vor uns betrug bei Tempo siebzig nicht mehr als zwei Meter. Martin raunte undeutlich etwas, was sich wie »lebensgefährlich« anhörte. Meistens konnten wir aber nicht schneller als zwanzig Stundenkilometer fahren, die Straßen waren einfach zu voll.

Alle Verkehrsteilnehmer hupten. Nicht durchgehend, aber immer wieder. Beim Spurwechseln, beim Blinken, beim Bremsen. Manchmal, da war ich mir irgendwann sicher, einfach um zu schauen, ob die Hupe noch funktionierte. Die besonders lauten Hupen hatten anscheinend Vorfahrt, von denen gab es aber nur wenige. Die meisten hupten eher sanft, fast freundlich. Die Fahrer hupten nicht besonders lang, immer nur sehr kurz, fast verhalten. Unser Fahrer hupte ebenfalls auf eine sehr angenehme Art. Unser akustisches Warnsignal hörte sich weniger nach einer Autohupe als vielmehr nach der eines Mofas an.

Natürlich nervte die Geräuschkulisse insgesamt, aber die Fahrer wirkten eigentlich wenig aggressiv. Sie machten auch keine hektischen Handbewegungen zu irgendjemandem, während sie auf das Lenkrad drückten, wie wir es in Deutschland gewohnt sind, wenn wir hupen. Die Geräuschkulisse war hier ständiger Begleiter, wie Meeresrauschen am Strand, nur halt nervend.

Die zahlreichen Fahrradrikschas, die in unserem Reiseführer als das bei Bangladeschern beliebteste Transportmittel gepriesen wurden, hatten natürlich keine Hupe. Die Fahrer klingelten dafür hin und wieder, kein Witz.

Die von Gazi versprochenen wunderschönen Wälder und

Flüsse bekamen wir auf der Fahrt ins Stadtzentrum nicht zu Gesicht. Hier und da stand eine abgerockte Palme am Straßenrand. Es waren die ersten Palmen, die ich je »in der Natur« gesehen habe.

Der Asphalt, auf dem wir fuhren, war in einem erbärmlichen Zustand. Die Straße hatte keine Schlaglöcher, es war eher umgekehrt: Die Schlaglöcher hatten ab und zu etwas Straße.

Ein ums andere Mal passierten wir eine stinkende Kloake. Überall wurde gebaut, nichts war fertig. Als besonders fies empfanden wir die stinkenden Abfälle am Straßenrand.

»Schau mal, der ganze Müll da vorn brennt.« Martin zeigte auf einen etwa zwei Meter hohen Müllberg, der vor sich hin kokelte.

Plastikeimer, Plastikverpackungen, Plastikflaschen am Straßenrand, wohin das Auge blickte. Jemand versuchte, etwas Dreck mit einem alten Kehrbesen von der Straße zu fegen – von der Hauptstraße vom Flughafen in diese Megacity!

Wir sahen schon nach wenigen Kilometern die ersten verzweifelten, erbärmlich aussehenden Menschen am Straßenrand, auf dem Bürgersteig. Bettler in zerrissener Kleidung, Behinderte. Ich konnte den Anblick dieser Menschen jetzt, nach der Erfahrung am Flughafen und mit all den anderen Eindrücken, kaum ertragen. Meistens versuchte ich wegzuschauen.

Wir waren froh, als wir endlich an unserem Hotel ankamen. Immerhin, es sah nicht übel aus. Keine Nobelherberge, aber auch keine Absteige.

Von außen erinnerte das Gebäude an alte DDR-Plattenbauten. Im Inneren wirkte alles übertrieben sauber. Es roch nach scharfen Putzmitteln. Die Innenarchitektur war mit »praktisch« gut beschrieben. Jede einzelne Wand war gefliest, teilweise sogar in unserem Zimmer. Zum Glück waren wir nicht zum Urlaub hier.

Positives gab es an unserer Unterbringung auch, etwa unsere Zimmertoilette. Die war nämlich »ganz normal«, also zum Hinsetzen – zu meiner großen Erleichterung. Wir hatten gelesen, dass es in vielen Hotels nur diese Löcher zum Hinhocken gab.

Wenig später zogen wir uns um und wollten im Hotel zu Abend essen. Der Schock von der Ankunft war etwas verflogen. Etwas zu essen würde uns guttun.

Wir klopften bei Dirk. Er machte die Tür auf, und ich konnte sehen, dass er es geschafft hatte, in weniger als einer halben Stunde seit dem Einchecken seine Klamotten im ganzen Zimmer zu verteilen. Wir sagten ihm, dass wir schon mal runtergingen.

Vor dem Aufzug meinte Martin zu mir: »Hast du gesehen, dass der zwei verschiedene Socken trägt? Und dazu dieses Chaos in der Bude. Dem Chaoten sollen wir bei der Reiseplanung in solch einem Land vertrauen?« Er sagte das schmunzelnd, aber so richtig sicher waren wir uns nicht, ob Dirk wusste, was er tat.

Dazu kam, dass er uns vor der Reise vor allen möglichen Gefahren gewarnt hatte. Mir war das etwas übertrieben vorgekommen. Überfälle, Krankheiten, Unfälle, Entführungen – im Fall der Fälle sollten wir eine bestimmte Notfallnummer eines deutschen Kontaktmannes in Dhaka anrufen. Dieses ganze Gerede über unsere Sicherheit hatte nur eines zur Folge: Wir fühlten uns unsicher.

Im Erdgeschoss des Hotels gab es einen Hamburger-Imbiss, jedenfalls suggerierte das die Leuchtreklame über der Tür. Als wir herunterkamen, hatte der aber geschlossen. Auf unsere Frage, wann er denn öffnen würde, sagte der Rezeptionist mit einem bierernsten Gesichtsausdruck: »Das weiß ich nicht, der hatte noch nie geöffnet.«

Es blieb also nur das Hotelrestaurant. Ein Raum ohne Fenster, dafür mit großen runden Tischen und völlig überdimensionierten, zu Schwänen gefalteten Servietten darauf. Außer uns saß dort niemand.

Unsere Bedienung war von Anfang an sehr freundlich. Was das Essen anging, so hatten wir uns vorgenommen, vorsichtig zu sein. Martin hatte sich entschieden, Kartoffeln zu bestellen. Nur Kartoffeln.

Der Kellner verstand uns nicht, oder er wusste nicht, was Kartoffeln sind, obwohl mehrere Kartoffelgerichte in der Karte aufgelistet waren. Wir orderten dann alle verschiedene Gemüse – und bekamen: Kartoffeln.

Besonders stolz war der Kellner auf ein Highlight, das er uns zum Nachtisch anbieten könne: Milcheis. Eis gäbe es nicht so häufig, erklärte er.

Wir nahmen gerne an. Ein paar Minuten später kam er wieder und eröffnete uns, es seien nur noch zwei Portionen vorhanden. Die würden uns reichen, erwiderten wir, wir könnten ja teilen.

Nach einer heißen Diskussion mit dem Küchenchef, die

wir aufgrund der Lautstärke mitbekamen, aber deren Sinn wir natürlich nicht verstanden, teilte uns der höfliche Kellner mit, das Eis sei doch schon aus.

Ich musste das erste Mal seit Stunden schmunzeln.

Knapp eine Woche sollte die gesamte Reise dauern. Die ersten Stunden hatten wir überstanden.

6

Dhaka

Unser Ziel war es, möglichst viel vom normalen Alltag der Menschen in diesem Land mitzubekommen – und zwar nicht so sehr aus reiner Neugierde, sondern um Gazi besser verstehen zu können.

Noch am ersten Abend wollten wir ins Zentrum von Dhaka. Vor unserem Hotel warteten wir auf eine Fahrradrikscha und beobachteten die Umgebung.

Viele der Menschen, die uns passierten, wirkten heruntergekommen. Fast alle trugen schmutzige, zerrissene Kleidung. Ein Großteil der Männer lief mit freiem Oberkörper herum.

»Ich dachte, die würden hier alle Hosen tragen und Hemden und vernünftige Schuhe«, wunderte sich Martin. Auf den Fotos, die Gazi uns geschickt hatte, war er viel besser gekleidet als all die Leute hier. Auch der Rikschafahrer, der uns schließlich mitnahm, hatte nur ein Tuch um die Hüften gewickelt und fuhr ansonsten mit freiem Oberkörper. An den Füßen trug er uralte, dreckige Badelatschen.

Rikschafahrer gibt es Hunderttausende in der Stadt. Die stabilen Drahtesel werden als Taxis, aber auch zum Transportieren von Waren genutzt. Zentnerweise kutschieren die Fahrer alles Mögliche, wie Reis, Obst, Getreide, Bambusstangen, Holz, meterhohe Kisten, Schweine, Hühner, sogar Ölfässer durch die rund um die Uhr überfüllten Straßen. Meistens strampeln die Fahrer im Stehen, da die Muskulatur ihrer dünnen Beine nicht genug Kraft entwickelt, um im Sitzen die alten, verrosteten Räder zu bewegen.

»Meine Güte, sind die Fahrer alle schmal«, sagte ich zu Martin. Das sollte nicht despektierlich klingen, es war eine reine Tatsache. Für uns war es schwer zu beurteilen, ob sie unterernährt oder einfach nur sehr zierlich waren. Das galt im Übrigen nicht nur für die Rikschafahrer, sondern auch für fast alle anderen Bangladescher, die wir sahen. Doch so anstrengend das Treten für sie auch war, fast alle lachten uns an, als wir an ihnen vorbeifuhren.

Sämtliche dieser Gefährte für den Personenverkehr sind künstlerisch aufwendig verziert, mit Blumen- oder Tierornamenten und farbigen, faltbaren Regenüberzügen. Die Masse der Räder verschafft dem Stadtbild ein buntes Antlitz. Das Rad, das uns in Richtung Stadtzentrum brachte, besaß vor allem rote und grüne Bemalungen. Anstelle von Rücklichtern hingen hinten alte CDs an Schnüren, die das Licht reflektieren sollten.

Den Fahrer entlohnten wir für die Fahrt mit fünfzig Taka, was etwa fünfzig Eurocent entspricht. Wir dachten, das sei angemessen. Wie wir darauf kamen, weiß ich nicht mehr.

Dass dieser Betrag bei Weitem über dem ortsüblichen Preis für die viertelstündige Fahrt lag, konnten wir an zwei Dingen erkennen: erstens an dem überschwänglichen Dank des netten Fahrers und zweitens daran, dass am nächsten Morgen fünfzehn Rikschas vor unserem Hotel standen.

An diesem ersten Abend wollte ich einen einheimischen Markt besuchen. In unserem Reiseführer wurde ein Besuch der Basare als absolutes Muss beschrieben: Die Gerüche, die frischen Waren, die exotische Atmosphäre, die Masse an angebotenen Früchten, all das sei einzigartig. Dort angekommen, mussten wir zunächst die Masse an Menschen verdauen. Wir hatten den Eindruck, halb Dhaka würde auf dem Markt einkaufen. Doch überall, wo wir auftauchten, sahen die Leute nicht mehr auf die Auslagen, sondern schauten uns neugierig an, und damit meine ich wirklich alle Leute.

Unsere moderne Kleidung, meine blonden Locken, die Körperfülle meines Mannes – wir unterschieden uns in so vielen äußeren Merkmalen von den Einwohnern dieser Stadt. Und nicht nur das, auch unsere Gesten, die Mimik, unser ganzes Verhalten waren anders.

Uns wiederum fiel auch eine Menge auf – vor allem die kleinen Unterschiede zu unseren Gewohnheiten.

Wenn bei uns zu Hause Leute in einer Schlange bei der Post oder im Supermarkt stehen, halten sie einen Abstand von einer knappen Armlänge zueinander. Hier standen die Leute so eng hintereinander, dass sie sich ständig berührten, ohne dass es irgendwen störte. Ich fragte mich, wieso das so war, aber bis auf die Tatsache, dass hier viel mehr Menschen auf engem Raum zusammenlebten als bei uns, fiel mir kein Grund ein.

Immer wieder bildeten sich Menschentrauben um uns herum. Bangladescher, die uns anschauten und beobachteten, was wir so machten. Meistens lösten sich diese Ansammlungen mit einem beiderseitigen Lächeln wieder auf. Die Blicke der Menschen verrieten Neugierde uns gegenüber, sie schienen zu fragen: »Was wollen die hier?«, oder »Was machen die als Nächstes?«, aber eher auf eine einladende Weise, nicht ablehnend.

Wie sehr wir durch unsere eigenen alltäglichen Erfahrungen geprägt sind, wurde uns hier, in diesem völlig fremden Kulturkreis, schlagartig bewusst. Wir hinterfragen ja zu Hause nie, wieso die Dinge so laufen, wie sie eben laufen, wie etwa die Sache mit dem Händchenhalten.

Für Martin und mich war es vor dieser Reise völlig normal gewesen, dass wir uns beim Spazierengehen an die Hand nahmen. Das taten wir natürlich auch in Dhaka, während wir durch die Gassen flanierten. Niemals hätte ich gedacht, dass das einmal einer Erwähnung wert wäre.

Nach einiger Zeit bemerkten wir belustigte Blicke von Einheimischen. Sie schmunzelten und tuschelten, als sie uns sahen. Nur wusste ich eine Zeit lang gar nicht, warum. Erst Tage später erfuhren wir, dass in diesem Kulturkreis verschiedengeschlechtliche Menschen nie händchenhaltend spazieren gingen, sondern nur gleichgeschlechtliche Familienangehörige und Freunde, und zwar Männer ebenso wie Frauen.

Der Markt war trotz der Masse an Menschen eine positive Erfahrung. Gewürz-, Gemüse- und Obstverkäufer, so weit das Auge reichte, Fleischwaren, Süßigkeiten, die ich vorher noch nie gesehen hatte, all das machte diesen Ausflug zu einem Erlebnis. Die Waren lagen auf Teppichen auf dem

Boden oder in Handkarren. Genau so hatte ich es mir vorgestellt und gewünscht.

Fackeln tauchten den Markt in weiches, orangefarbenes Licht. Es roch nach den vielen Früchten und Gewürzen. Ich weiß nicht, wie häufig ich »Schau mal da! Guck mal hier!« zu Martin sagte, es müssen Dutzende Male gewesen sein. Nach einer Stunde gingen wir weiter.

Wir fragten Bangladescher immer wieder nach üblichen Verhaltensregeln, etwa, wie viel Haut man als Frau zeigen dürfe (wenig) oder was man mit Verpackungsmüll machte, wenn kein Mülleimer weit und breit zu sehen war (die Frage verstand keiner – einfach auf die Straße werfen, was denn sonst). Dabei fiel mir auf, dass viele wenigstens ein paar Brocken Englisch sprachen. Einige unserer Fragen wurden belächelt, aber häufig versuchten die Menschen uns auf einfache Art dieses oder jenes zu erklären.

Einige Straßen weiter, in einem Geschäftsviertel, bemühten sich mehrere Verkäufer, uns zu motivieren, in ihre Läden zu kommen. Es gab alles Mögliche zu kaufen. Die meisten schienen sich auf ein Produkt spezialisiert zu haben. Es gab Geschäfte für Holzregale, jemand verkaufte nur Auspuffe, andere boten Reis an und sonst nichts.

»Guck mal, wie alt die Werkzeuge sind, mit denen die Schreiner da arbeiten.« Martin zeigte in Richtung einer Schreinerei, die Betten herstellte. Die Arbeiter werkelten mit Trummsäge, Handhobel, Stechbeitel und alten Holzwinkeln. Die Bettgestelle sahen aber durchaus hübsch aus, aufwendig verziert, ohne Lasur. Mit meiner Idee, eines davon mit nach Hause zu nehmen, erntete ich von Martin nur einen mitleidigen Blick.

Die Stadt war anstrengend, aber ich hätte tagelang durch die Straßen laufen können. So verrückt diese Welt für uns schien, ich fühlte mich sicher und fing an, die Menschen zu mögen.

Das mit dem Sich-sicher-Fühlen hörte im Straßenverkehr schlagartig auf. Den Weg zurück zum Hotel gingen wir zu Fuß. Kurz vor unserem Ziel standen wir eine Viertelstunde lang an einer mehrspurigen Straße und wussten nicht, wie wir auf die andere Seite kommen sollten. Eine Ampel war weit und breit nicht auszumachen – und diejenigen, die wir bis dahin gesehen hatten, wurden von den Autofahrern nicht ernst genommen. Für kein Geld der Welt hätte ich hier selbst mit einem Auto fahren wollen.

Ein Uniformierter tauchte plötzlich auf, augenscheinlich ein Straßenpolizist. Er lächelte uns an und gab uns ein Zeichen, dass er uns helfen würde. Der Mann nahm seine Trillerpfeife in den Mund, blies, so kräftig er konnte, hinein und trat gleichzeitig beherzt auf die Straße. Dabei hob er die rechte Hand zum Stoppzeichen. Unser Held winkte uns mit der linken Hand zu sich. Wir fühlten uns wie die Israeliten, die von Moses trockenen Fußes durch das Rote Meer geleitet wurden. Auf der anderen Straßenseite angekommen, fragte uns der Dhaka-Moses nach einer Zigarette, die wir in diesem Fall dankend aushändigten. Er hatte uns geholfen und erst danach gefragt. Damit konnten wir leben.

Vor dem Zubettgehen machte Martin noch eine Entdeckung, die jeden deutschen Elektriker erschaudern lassen würde. Er war schon bettfertig, als er noch einmal das Leben dieser fremden Welt, Gazis Welt, vom Hotelfenster aus beobachten wollte. Er sah, wie offensichtlich ein Mitarbeiter der städtischen Elektrizitätswerke Kabelverbindungen von einem mehrere Meter hohen Mast trennte. Einige Leitungen sahen recht neu und halbwegs fachmännisch verlegt aus. Andere hingen nur schlaff herunter oder führten in Richtung einiger Häuser. Insgesamt ergab das einen chaotischen Kabelsalat.

Nachdem der Elektriker ein paar Hundert Meter weitergegangen war und sich an dem nächsten Mast zu schaffen machte, kam ein Anwohner aus einer Einfahrt in der Nähe des ersten Masts gelaufen. Er hatte eine Leiter dabei, stieg hinauf, klemmte die Kabel wieder zusammen und ging zurück zu seinem Wohngebäude.

»Das gibt's doch nicht«, sagte Martin kopfschüttelnd. »Die Leute hier klauen Strom aus dem öffentlichen Netz!«

Dann wurde auch er müde und wandte sich vom Fenster ab. In dieser Nacht schliefen wir beide wie die Murmeltiere, lang und fest.

Dhaka, zweiter Tag. Am Morgen nach unserer Ankunft lernten wir unser Kamerateam kennen. Der Kameramann hieß Abir, ein hagerer Mittvierziger. Er trug eine zu kleine Brille mit eckigen Gläsern. Die meiste Zeit schaute er mit seinen müden Augen über den Rand der Brille hinweg. Ich dachte zunächst, die Sehhilfe sei vielleicht nur ein Gimmick, eine Art Schmuck. Lesen konnte er aber tatsächlich besser damit. Er besuchte uns mit seinem Tonassistenten im Hotel. Der hieß Fardin.

Wenn ich heute an den Kameramann denke, muss ich

immer schmunzeln, weil er mich mit seinen spitz hervorstechenden Wangenknochen und der schmalen Nase an einen schnüffelnden Hasen erinnerte.

Abir war in Dhaka aufgewachsen, hatte die Universität dort besucht und sprach passabel Englisch. In den folgenden Tagen überschüttete er uns mit wertvollen Informationen über das Land, die Geschichte, die Menschen, was wir besser lassen sollten und worüber sich die Einheimischen besonders freuen würden. Kurzum: Abir, der Hase, war Gold wert, auch wenn er zuweilen etwas altklug wirkte.

Abir wollte uns an diesem Tag mit seinem alten metallicblauen Toyota-Van in die nähere Umgebung fahren. Der Abend zuvor hatte uns mit dem furchtbaren ersten Eindruck am Flughafen etwas versöhnt, und so verließen wir voller Tatendrang und bepackt mit einigen Flaschen Wasser und etwas Obst das Hotel, um Sightseeing zu machen.

Meine gute Laune verflog innerhalb von Sekunden. Unser Hotel befand sich in einem der besseren Viertel der Stadt, das hatten wir vorher gelesen. Doch der Eindruck, der sich uns bot, war folgender: Es war unerträglich laut auf der Straße, vor allem durch die zahlreichen Busse mit kaputten Auspuffen, die an uns vorbeirasten. Sie verbreiteten einen üblen Gestank an der »frischen Luft«, nur übertüncht von dem Uringeruch an der Ecke, wo unser Wagen stand. Die Autos, die an uns vorbeifuhren, waren verbeult, zerkratzt, sahen regelrecht verschlissen aus.

Es herrschte Smog in der Stadt. Abir erklärte uns, das liege nicht an einer besonderen Wettersituation, sondern sei tagsüber immer so.

»Schnell in den Van und erst einmal weg hier«, drängte

ich die anderen. Schnell – das ist in Dhaka mit dem Auto relativ: Eine Strecke von fünf Kilometern im Stadtgebiet kann zwei Stunden dauern oder eine halbe. Das sei dann aber schon sehr schnell, erklärte Abir.

Wir hatten kein bestimmtes Ziel vor Augen, der Kameramann wollte uns einfach etwas herumfahren. Der Plan war, diesen Tag in Dhaka zur Akklimatisierung zu nutzen, bevor wir uns auf den Weg zu Gazi machten. Von unserem Hotel aus waren es laut Karte gut zweihundert Kilometer bis zu seinem Dorf. Abir machte uns bewusst, dass die Fahrtzeit nicht, wie in Deutschland für so eine Strecke üblich, zwei bis drei Stunden betragen würde, sondern eher ein bis zwei Tage. Wir dachten, der Mann sei ein Freund ausschweifender Übertreibungen, lagen damit aber komplett falsch.

Wir befuhren eine mehrspurige Ausfallstraße in Richtung Norden. Wie viele Spuren die Straße hatte, darüber gingen die Meinungen auseinander.

Martin und ich hatten uns in die mittlere Reihe des Wagens gesetzt, er rechts am Fenster, ich direkt neben ihn. Diese Plätze behielten wir bis zu unserer Abreise bei.

Sosehr ich mich an jenem Morgen bemühte, mich auf das Schöne in der Umgebung zu konzentrieren, meine Augen blieben immer wieder hängen. An Menschen, die rechts und links der Straße standen, lagen, saßen, oder anders gesagt: vegetierten.

Krüppel, Behinderte, Bettler, Menschen ohne Beine mit nichts anderem als Fetzen an den abgemagerten Körpern säumten die Ausfallstraße. Die Gesichter dieser Menschen waren fahl. Ich fühlte mich schrecklich hilflos.

Was sollten wir tun? Bei jedem Einzelnen anhalten, versuchen, ihm aufzuhelfen und ihn in ein Obdachlosenheim bringen? Wir erfuhren, dass es hier überhaupt keine Unterkünfte dieser Art gab, wie wir sie kannten. Das war auch der Grund dafür, warum so viele Menschen sich einfach am Straßenrand aufhielten. Sie konnten nirgendwohin. Das zu sehen und sich über diese abgrundtiefe Perspektivlosigkeit bewusst zu werden bewegte mich zutiefst.

Ich klammerte mich an den Gedanken, dass wir hier waren, um einem Menschen und seiner Familie zu helfen. Das forderte uns schon genug. Trotzdem überkam mich das Gefühl, eigentlich noch viel mehr tun zu müssen, bei all dem Elend. Aber wo hätten wir anfangen sollen?

Martin und ich sprachen eine Weile kein Wort. Ihm ging es seinem Gesichtsausdruck nach genau wie mir. Auch in unserem beschaulichen Wesseling hocken ab und zu Bettler in der Fußgängerzone, und im nahen Köln gibt es viele Dutzend. Die Hoffnungslosigkeit, die diese Menschen hier ausstrahlten, war aber mit nichts zu vergleichen, was wir je gesehen hatten. Könnte Gazi einer von ihnen sein? Die Fotos, die er geschickt hatte, sahen nicht so elend aus, aber vielleicht ging es ihm ja mittlerweile genauso.

Nach fast zwei Stunden Fahrt verließen wir das Stadtgebiet. Eine wirkliche Sehenswürdigkeit hatten wir bis dahin noch nicht erblickt. Und das vorweg: Wer eine Reise in dieses Land plant, um die prachtvolle Architektur oder andere beeindruckende Sehenswürdigkeiten zu erkunden, der sollte sich meiner Meinung nach die Sache besser noch einmal gut überlegen. Aber: Es gibt durchaus Gründe, sich für eine Reise nach Bangladesch zu entscheiden, und die lernten wir recht schnell kennen.

Der Eindruck beim Aus-dem-Fenster-Schauen änderte sich recht bald, nachdem wir ländlichere Gegenden erreicht hatten. Als wir die Beton- und Müllwüste hinter uns ließen, bekamen wir zum ersten Mal einen Eindruck von dem, was die Tropen ausmacht. Stellte man die Augen absichtlich extrem unscharf, würde in der Stadt die Farbe Graubraun überwiegen. Auf dem Land aber war alles in sattes Grün und Blau getaucht. Grün durch die Pflanzenpracht, die schier endlos schien, und tiefes Blau vom wolkenlosen Himmel.

Hier gab es auch keine halb toten Menschen mehr an der Straße. Das Bild, das sich uns bot, war geprägt von Leuten, die an der Straße entlanggingen und irgendwelche Dinge hin und her trugen oder auf Karren zogen. Einige hievten Bambusstangen auf einen LKW, andere schleppten zentnerweise Obst über die Straße. Das Arbeitstempo war gemächlich, aber bei diesen Temperaturen hätte ich mich auch nicht schneller bewegen können. Immer mal wieder liefen Tiere über die Straßen, Hunde, Kühe und auch Ziegen.

Martin war genau wie ich inzwischen wieder fähig zu reden.

»Was für ein Unterschied zu diesem Monstrum von Stadt«, entfuhr es ihm aus tiefstem Herzen.

Abir hielt hinter einer Brücke an, und wir stiegen aus.

Ich weiß nicht, wo ständig all die Menschen herkamen, aber wir lehnten uns gerade mal für ein paar Sekunden an das Geländer der Brücke, da standen schon wieder rund zwanzig Leute um uns herum und schauten in die gleiche Richtung wie wir oder blickten uns direkt ins Gesicht. Wir lächelten, sie lächelten. Es war verrückt. Ich überlegte, wie es wäre, ein paar wilde Grimassen zu schneiden, ohne zu lachen. Einfach nur, um tatsächlich etwas Unerwartetes zu tun. Ich traute mich dann aber doch nicht.

Wir gingen die Brücke entlang zum Ufer eines Flusses. Hier wurde Rattan geerntet, dachte ich jedenfalls. Abir erklärte, dass es Schilf sei, das als Baustoff für die Dächer der Hütten diene, in denen der Großteil der Landbevölkerung lebt.

Wir beobachteten die Arbeiter eine Weile. Einige gingen barfuß, andere hatten abgewetzte Sandalen an. Die meisten trugen keine Hosen, sondern hatten bunte Tücher um die Hüften gebunden – Wickelröcke. Die Oberkörper der Männer waren frei, oder sie trugen T-Shirts. Die Arbeiter waren uns gegenüber aufgeschlossen, sie lächelten. Wie es aussah, genossen sie es, bei der Arbeit beobachtet zu werden.

Wir konnten mit ihnen nur mithilfe von Abir kommunizieren. Manchmal waren wir uns jedoch nicht sicher, ob er den Inhalt des Gesagten korrekt wiedergab.

Als wir ihn etwa baten, einen Mann zu fragen, der ein uns unbekanntes schwarzes Gemüse verkaufte, was das denn sei, sprach der Gemüsemann mehr als zwei Minuten lang ohne Unterbrechung. Martin und ich verstanden natürlich kein Wort. Abir nickte ab und zu und sah freundlich zu uns herüber. Seine Übersetzung der stattlichen Rede des Gemüseverkäufers lautete bloß: »Er sagt, das sind schwarze Bohnen.«

Eines wurde uns spätestens an diesem Nachmittag klar: Der erste Eindruck, den wir gewonnen hatten – der Flughafen, die laute, stinkende Stadt –, all das stand im krassen Gegensatz zu dem Leben hier auf dem Land. Die Landschaft war mehr als einladend, genauso wie die Menschen. Ich hoffte, der für uns wichtigste Einheimische würde diesen schönen Eindruck nicht trüben.

Am nächsten Tag sollte es von unserem Hotel in Dhaka aus frühmorgens losgehen. Endlich, zu Gazi. Die Anspannung stieg bei Martin und mir schon am Abend zuvor. Wir entschlossen uns, nach dem Abendessen noch ein wenig spazieren zu gehen.

Nach ein paar Minuten hörten wir nicht weit entfernt ungewöhnliche Geräusche. Rhythmisch, etwas dumpf, wie ein lautes Stöhnen aus zahlreichen Kehlen. Die Geräuschkulisse wurde lauter, je weiter wir der Straße folgten, die wir gerade ziellos entlanggeschlendert waren. Nach einigen mehrstöckigen, baufälligen Bürogebäuden stießen wir auf eine Baustelle, die von einem Bretterzaun umgeben war. Einem Schild war zu entnehmen, dass hier gerade ein achtzehnstöckiges Bürogebäude entstand.

»Komm, wir schauen mal, wo die Geräusche herkommen«, sagte ich neugierig zu Martin. Wir stellten uns auf einen Betonsockel am Zaun, um einen Blick darüber werfen zu können. Die Baustelle war hell erleuchtet. Trotz der späten Stunde herrschte reger Betrieb.

Und jetzt sahen wir auch, woher das Stöhnen kam. Rund fünfzehn Männer standen, ein dickes Seil fest in den Händen haltend, in der Mitte des Platzes. Sie alle zogen daran, sodass es straff gespannt war. Das andere Ende des Seils lief über unzählige Rollen zu einem tonnenschweren Stahlträger, an dem es mit einem Metallhaken befestigt war. Der Stahlträger steckte senkrecht in der Erde. Wie tief, konnten wir nicht erkennen. Wir sahen lediglich, dass er gerade einmal einen halben Meter aus dem Boden gezogen worden war. Es war ein Flaschenzugsystem, mit dem die Männer Millimeter für Millimeter den T-Träger aus dem Boden hievten. Die Ziehimpulse erfolgten in einem immer gleichen Takt. Jeder Zug wurde von den erschöpften, ausgehungerten Bauarbeitern wie auf einer Galeere mit einem lauten Stöhnen begleitet.

»So etwas habe ich noch nie gesehen«, entfuhr es Martin, der sichtlich erschrocken war.

Die Arbeiter hatten jetzt unsere Köpfe über dem Bretterzaun entdeckt. Sie lächelten uns an, schienen stolz auf ihre Arbeit zu sein. Vielleicht, weil sie es als Privileg erachteten, für ein deutsches Unternehmen zu arbeiten. An einer Stelle sahen wir nämlich tatsächlich ein großes Schild mit der Aufschrift eines großen deutschen Unternehmens.

Ein einheimischer Vorarbeiter kam auf uns zu. Er gab mit Handzeichen zu verstehen, dass er uns die Baustelle gerne zeigen könne. Wir lehnten dankend ab, empfanden Scham darüber, dass ein deutsches Unternehmen es nicht für nötig hielt, hier vernünftige Maschinen einzusetzen, weil es genug Einheimische gab, die eh nur einen Euro am Tag kosteten.

Martin war frustriert. »Das ist doch Wahnsinn. Es gibt Maschinen, die ziehen das Ding in ein paar Minuten da raus. Und hier schuften sich Dutzende Arbeiter stundenlang ab.«

Wahrscheinlich ist die Sache moralisch gesehen komplizierter, als es sich zunächst anhört. Die Männer wären sicherlich nicht glücklich gewesen, hätten sie gar keine Arbeit gehabt. Trotzdem: Arbeitsbedingungen wie diese hätten wir im einundzwanzigsten Jahrhundert nicht mehr für möglich gehalten.

Anderthalb Stunden später kamen wir noch einmal an der Baustelle vorbei: Uns boten sich das gleiche Bild und die gleiche Geräuschkulisse wie vorher. Der einzige Unterschied: Der Stahlträger ragte mittlerweile zwanzig Zentimeter weiter aus dem Boden.

7

Eine Tankstelle, ein Schiff, eine Brücke

Wir überholten einen Rikschafahrer, der ein Ruderboot im Schritttempo transportierte, wohin auch immer. Der Mann strampelte nach Leibeskräften. Ich wünschte ihm, sein Weg möge nicht mehr allzu weit sein.

Unsere eigene Fahrt dauerte jetzt schon etwa zwei Stunden an diesem Tag. Wir saßen im Auto von Abir, ohne Klimaanlage, auf ausgelutschten Sitzen, aber voller Euphorie, dass es nun nicht mehr lange dauern würde, bis wir bei Gazi wären. Unser nächstes Etappenziel hieß Khulna. Die Millionenstadt liegt etwas weiter als in der Mitte zwischen Dhaka und Gazis Dorf.

In Khulna würden wir übernachten müssen. Wir hätten auch direkt zu Gazi durchfahren können, aber das hätte bedeutet, erst abends bei ihm anzukommen. Sosehr wir endlich unser Ziel erreichen wollten, verstand ich, dass das keinen Sinn gemacht hätte, denn dann hätten wir mitten in der Nacht zurückfahren müssen, auf maroden Straßen ohne ausreichende Beleuchtung. Ein Hotel gab es in Gazis näherer Umgebung nicht.

Ich habe eigentlich eine ganz gute Orientierung, aber in welche Himmelsrichtung wir uns gerade bewegten, war mir völlig schleierhaft. Die Region, die wir durchfuhren, war flach wie ein Spiegel. Die Straßen führten oft viele Kilometer immer nur geradeaus, dann kam plötzlich eine Abbiegung, und wieder ging es eine Ewigkeit kerzengerade und immer der Nase nach. Das verführte viele Fahrer dazu, alles aus ihren Maschinen herauszuholen. Es war mir ein Rätsel: Die gleichen Menschen, die zu Fuß so entspannt unterwegs waren, dass man ihnen beim Gehen die Schnürsenkel hätte zubinden können, wurden in ihren Autos zu Formel-1-Piloten. Sie fuhren einfach immer so schnell, wie es der Verkehr zuließ. Dabei interpretierten die Fahrzeuglenker diese Grenze durchaus progressiv. Was mir besonders Angst machte, waren Busse, die uns mit höllischer Geschwindigkeit auf unserer Spur entgegenkamen und erst im letzten Augenblick wieder auf ihre Seite wechselten.

Abir hatte uns am Anfang der Fahrt über die Strecke und die Orte, die wir passieren würden, informiert. Aber er hatte direkt hinzugefügt, man dürfe das »Plänemachen« auf den Straßen seines Landes nicht übertreiben. Unerwartete Umleitungen, Baustellen, Fähren, die nicht fuhren, all das sei eher die Regel als die Ausnahme.

Die Schriftzeichen auf den Verkehrsschildern konnte ich nicht ansatzweise lesen. Eine englische Übersetzung war nirgends angegeben, und so mussten wir unserem Fahrer einfach vertrauen.

Ich freute mich gerade, dass ich seit fast einer Minute niemanden mehr hatte hupen hören, da mussten wir tanken.

Abir hielt an, stieg aus, alle anderen blieben im Auto sitzen. Die Tankstelle sah aus wie in einem amerikanischen Western. Eine Zapfsäule, zwei Zapfhähne. Ein marodes

Vordach, ein kleiner Kassenraum. Der Putz blätterte von den Wänden. Während das Benzin in unseren Tank lief, beobachteten wir einen anderen Tankenden, der den zweiten Zapfhahn bediente. Als er fertig war, geschah etwas Ungewöhnliches. Zusammen mit zwei Helfern fingen die Männer an, das Auto zu schütteln, so kräftig sie konnten. Nach einiger Zeit führte der Fahrer den Hahn noch einmal in den Tank und füllte ein paar Tropfen Benzin nach. Warum in Gottes Namen schüttelten diese Leute ihr Auto, als wäre es ein Cocktail in einer Bar?

Martin und ich blickten mit einem Anflug von Besorgnis nach links. Würde Abir unseren Wagen auch anfangen zu schütteln – mit uns im Fond? Wir brauchten nicht lange auf eine Antwort zu warten. Ein paar Augenblicke später wurden wir tatsächlich von Abir und seinem Assistenten Fardin durchgerüttelt, als säßen wir in einem Karussell. Als der Kameramann wieder einstieg, fragte Martin ihn, was der Sinn des Ganzen sei. Abir erklärte, durch das Schütteln stiegen Luftblasen aus dem Tank auf. So ließ sich etwas Benzin zusätzlich einfüllen. Da sein Chef den Sprit bezahlte, versuchte er immer so viel wie möglich in den Tank zu pressen, um später mehr Reichweite für private Touren zu haben.

Es waren diese und viele weitere Erfahrungen, die mir zunehmend Kopfzerbrechen bereiteten. Wenn schon derart selbstverständliche Dinge wie Tanken solche Überraschungen mit sich bringen konnten, wie hoch war dann die Wahrscheinlichkeit, dass wir Gazi und seiner Familie mit irgendetwas auf die Füße treten würden? Vielleicht hätten wir noch mehr darüber lesen sollen, wie die Menschen hier dachten und lebten.

Gegen Mittag erreichten wir den Fluss Padma, der weiter südlich in den Golf von Bengalen mündet. Die Ausbreitung der Wassermassen variiert je nach Jahreszeit stark. Brücken zu bauen ist bei diesen Bedingungen schwierig. Die nächste, die über den Fluss führte, gab es erst wieder rund einhundert Kilometer stromaufwärts.

Stattdessen sorgten Fähren für den Transport von Menschen und Fahrzeugen. Am Ufer angekommen, erfuhren wir, dass unsere Fähre gerade am gegenüberliegenden Ufer war. Wir mussten folglich etwa eine halbe Stunde warten.

In der Zwischenzeit beobachteten wir einige kleine Fischerboote. Als wären sie aus der Zeit gefallen, saßen jeweils zwei Fischer mit ihren Netzen in den altertümlich wirkenden Holzkähnen. Wie viel sie schon gefangen hatten, konnte ich nicht sehen.

So idyllisch, wie es zunächst den Anschein hatte, war die Szenerie aber bei näherer Betrachtung nicht. Ich kenne mich mit Grenzwerten von Chemikalien in Fließgewässern nicht aus, aber dass dieser Fluss ein Problem hatte, war nicht zu übersehen.

Bei uns daheim fließt der Rhein nur wenige Hundert Meter von unserem Haus entfernt in einem großen Bogen an riesigen Fabriken vorbei, die ihr Abwasser in den Fluss leiten. Das Wasser ist alles andere als glasklar dort, wo wir wohnen. Aber immerhin ist die Wasserqualität mittlerweile wieder so gut, dass es möglich wäre, darin zu schwimmen, wäre es nicht aufgrund der starken Strömung verboten.

Der Fluss vor unseren Augen im Niemandsland in Bangladesch dagegen war braun, roch modrig, und an den Ufern kämpften Plastikmüll und gelblicher Schaum darum, was von beidem den unappetitlicheren Eindruck machte. Wir hatten gelesen, dass viele Fische hier eine hohe Konzentration von Arsen und Quecksilber aufwiesen. Die Bekleidungsindustrie hat einen großen Anteil an der Verschmutzung der Flüsse. Wir hatten auch gehört, dass Kinder, die häufig darin badeten, von den Giften Hautausschlag bekämen. Anders ausgedrückt: Weil wir unsere Schränke so voll packen, dass wir gar nicht mehr wissen, was wir überhaupt alles an Kleidungsstücken besitzen, werden die Kinder hier krank. Auch wenn in erster Linie die Industrie für eine umweltgerechte Entsorgung der Giftstoffe sorgen muss, dürfen wir davor nicht die Augen verschließen, finde ich.

Was den Fisch anging, so hatte ich ihn von Anfang an von meiner Speisekarte gestrichen. Der Anblick bestätigte meine Vorsichtsmaßnahme.

Endlich kam die Fähre angetuckert. Das Bild war fast drollig: Einige Fischer in ihren Paddelbooten überholten die Schnecken-Fähre ohne Mühe. Martin sah auch direkt, warum: »Guck mal, das Schiff dient als reine Lagerfläche. Ein Schlepper hat sich seitlich an die Fähre gehakt und zieht das Ding. Wahrscheinlich ist die Fähre aus eigener Kraft nicht imstande, Vortrieb zu erzeugen. Ich nehme an, das Schiff hat gar keinen Motor mehr.«

Je näher das Duo kam, desto mehr tendierte unsere Gefühlslage in Richtung Besorgnis. Wir konnten immer deutlicher die Löcher, groß wie Autoreifen, in der Außenwand erkennen, die der Rost in den letzten Jahrzehnten gefressen hatte. Und da, wo keine Löcher waren, sah es so aus, als ob ein ordentlicher Schlag mit der Faust das nächste hätte verursachen können. Dieses Gefährt wäre in Deutschland und wohl auch in den meisten anderen Ländern der Erde schon vor vielen Jahren verschrottet worden, das war offensichtlich.

»Ist das wirklich unsere Fähre?«, fragte ich Abir.

Er bejahte, doch er hatte wohl meinen erschrockenen Gesichtsausdruck gesehen und fügte hinzu: »Ein paar Kilometer flussabwärts gibt es noch eine. Die ist besser.«

Ob »besser« der passende Ausdruck war, darüber hätte man lange streiten können. Jedenfalls hatte die zweite Fähre kleinere Löcher, dafür waren sie zahlenmäßig der anderen Fähre weit überlegen. Die zweite Fähre hatte aber einen offensichtlichen Vorteil: Ihr Motor funktionierte. Sie fuhr aus eigener Kraft, was mich vollends überzeugte, diese zu nehmen.

Wir fuhren als einer der ersten Wagen über die Schiffsrampe. Es folgten einige LKW mit Säcken voller Gemüse, Melonen, Tabak oder Vieh. Alle Laster hatten eins gemeinsam: Sie waren sichtlich überladen. Dazu bewegten sich Dutzende PKW, Rad- und Rikschafahrer und natürlich eine große Anzahl Fußgänger über die Rampe auf das Schiff.

Martin, der seit vielen Jahren in der Logistik arbeitet und sich daher recht gut mit dem Stapeln und ökonomischen Transportieren von Dingen auskennt, hatte seine Freude an dem Schauspiel, das sich uns bot.

Ungefähr zehn Mitarbeiter der »Reederei« halfen, die Fahrzeuge auf dem Deck einzuweisen. Auf den ersten Blick sah das Ganze für unsere Augen nach völligem Chaos aus. Die Hupfrequenz stieg ins Unerträgliche. Dutzende Fahrer winkten, schrien und rangierten ihre Fahrzeuge nach einem System, das für uns nicht als solches zu erkennen war. Wir waren nur froh, dass unser Van mit Schiebetüren ausgestattet war. Eine schwingende Tür hätte uns nicht genug Platz zum Aussteigen geboten, so eng stand der nächste Wagen neben uns.

Nach einer Weile schien sich das Chaos aufzulösen. Wie bei einem Blatt voller Metallspäne, unter das man einen Magneten hält, wurde auf einmal das Muster deutlich, welches die Rangierer verfolgten. Plötzlich war das gesamte Deck gefüllt mit in Reih und Glied stehen Fahrzeugen, zwischen die kein Passagier mehr gepasst hätte. Die Ladefläche war komplett gefüllt.

Dann stand nur noch ein einsamer LKW, beladen mit unzähligen bunten Kisten voller Holz, vor der Rampe. Martin schüttelte den Kopf und meinte: »Niemals passt der noch hier drauf. Niemals.«

Der LKW-Fahrer drückte vorsichtig aufs Gas. Eine dunkle Wolke quoll aus seinem Auspuff. Der Motor des Ungetüms röhrte, als ob er darum bettelte, endlich seinen Dienst quittieren zu dürfen. Martin schüttelte immer noch ungläubig den Kopf: »Dass der das überhaupt versucht.«

Der LKW bog jetzt in einem unmöglichen Winkel über die Rampe nach rechts auf das Deck. Einige Männer hoben mit ihren bloßen Händen das davor geparkte Auto hinten kurz an und bewegten es dann einige Zentimeter zur Seite. Der LKW-Fahrer setzte noch mal sanft zurück, rangierte zweimal und parkte sein Ungetüm, wie von Geisterhand gesteuert, millimetergenau in die einzige Position, die geometrisch noch möglich war.

Martins Mimik verriet ehrwürdigen Respekt. Aussteigen konnte der Fahrer nicht.

Die Überfahrt dauerte eine halbe Stunde.

Meine suchenden Blicke nach Rettungswesten beantwortete Martin mit einem süffisanten Lächeln. Der Theorie nach, erklärte uns Fardin, dienten kleine, motorisierte Vier-Mann-Boote am Ufer im Notfall der Rettung von Schiffbrüchigen. In der Praxis würden diese aber ausschließlich von reichen Kunden als Privat-Wassertaxis benutzt.

Wir schossen ein paar Fotos von dem Schiff und einigen Einheimischen. Die meisten reagierten unsicher, als wenn sie nicht wüssten, was wir da taten. Meine Kamera machte ein typisches Geräusch, wann immer ich auf den Auslöser drückte. Das lockte einige Kinder an, die das Geräusch begeistert nachahmten. »Sssssuuummmmmmm-Klick. Sssssssuuuuuummmm-Klick.«

Erst jetzt kam ich auf den Gedanken, dass sie vielleicht noch nie zuvor einen Fotoapparat gesehen hatten und nicht wussten, was ich da gerade machte. Als ich einigen auf dem Kameradisplay die Fotos zeigte, jauchzten sie vor Glück. Sie strichen über das Display, als ob man die Farbe verwischen könnte. Die Kinder lachten minutenlang und wollten, dass ich ein Foto nach dem anderen von ihnen machte. Sie probierten alle möglichen Grimassen und Verrenkungen aus. Die Armut dieser Kinder war durch ihre Kleidung offensichtlich. Dass sie trotzdem mindestens genauso herzlich lachen konnten wie unsere Kinder, erfüllte mich mit Erleichterung.

Wir gingen ein Deck höher, um dem Gewusel etwas zu entgehen. Ein Mann schritt durch einen verbogenen Türrahmen aus dem Inneren des Schiffes. Er war ein ganz besonderer Mann: der erste dicke Bangladescher, den wir bis dahin getroffen hatten. Erst durch ihn fiel mir auf, dass wir tatsächlich nicht einen einzigen Einheimischen gesehen hatten, der nicht gertenschlank gewesen wäre. Dieser Mann aber konnte es in Sachen Leibesfülle durchaus mit Martin aufnehmen. Seine Gesichtszüge wirkten freundlich. Sein ordentlich gestutzter Bart zeigte, dass er auf sein Äußeres ansonsten durchaus Wert legte – wenn auch nicht auf seine Arbeitskleidung.

Er trug eine fettige weiße Schürze, die alle Zweifel ausräumte: Es musste sich um den Schiffskoch handeln. Er begrüßte uns überschwänglich mit einem Grinsen, das so breit war wie der Fluss. Er redete und redete, und es schien ihm völlig egal zu sein, dass wir kein Wort verstanden. Fardin übersetzte anfangs ein paar Brocken, wobei es um die Schönheit des Landes ging, gab es dann aber auf.

Als wir dem Dicken irgendwie zu verstehen gaben, dass wir Deutsche waren, nahm er, und das ist wirklich genau so passiert, seine schmuddelige Schürze ab, hängte sie an den nächsten Mast, zog sie hoch und frohlockte, dass diese »Fahne« fortan zu Ehren der bengalisch-deutschen Verbundenheit wehen sollte.

»Darauf muss man erst mal kommen!«, sagte Dirk und schmiss sich weg vor Lachen. Der Koch tat das mit einer diebischen Freude und so quietschvergnügt, dass uns erst viel später bewusst wurde, wie unendlich albern diese Aktion eigentlich gewesen war. Und das meine ich zu hundert Prozent positiv. Ich nahm mir vor, mehr Quatsch zu machen, spätestens, wenn wir wieder zu Hause wären.

Die Schürze hing bis zum Ende der Fahrt an dem Mast, vielleicht weht sie ja sogar bis heute da.

Kurz vor dem Anlegen erlebten wir den ersten Piratenangriff unseres Lebens. Jedenfalls hatte es für uns den Anschein. Die Fähre war noch einige Meter vom Land entfernt, da sprangen mehrere Dutzend Leute auf die Rampe. Sie taten das so beherzt und energiegeladen, dass ich zunächst tatsächlich an einen Überfall dachte. Mir wurde mulmig. Waffen sah ich jedoch keine, auch blieben die anderen Menschen auf dem Schiff seltsam ruhig, sie kannten die Situation wohl schon. Kurz darauf stellte sich heraus: Die »Piraten« waren nichts anderes als fliegende Händler mit Bauchläden, die ihre Waren anpreisen wollten. Es gab Süßigkeiten und Kaugummis zu kaufen, Plastiktüten mit Trinkwasser, Obst, Nüsse, Spielzeug und vieles mehr. Wie schwer es war, hier sein Geld zu verdienen, wurde mir in dieser Situation besonders bewusst: Ich sah keinen einzigen Kunden, der auch nur das kleinste bisschen gekauft hätte. Bevor ich überlegen konnte, was ich von dem Angebot hätte gebrauchen können, drängte mich Abir schon in unseren Wagen und fuhr los.

Am frühen Abend kamen wir an unserem Hotel in Khulna an, einer Stadt mit mehr als einer Million Einwohnern. Angeblich hatten wir Zimmer in einem der besten Hotels der Stadt gebucht.

Ich beschreibe es einmal so: Der Sechzigerjahre-Charme störte mich nicht, ebenso wenig, dass die Klimaanlage tropfte, anstatt zu kühlen. Meine Sorge galt eher der Toilette. Doch wir hatten Glück gehabt – wieder eine Keramik zum Sitzen.

Meine Freude währte aber nur einen Moment. Im nächsten sah ich etwas Schwarzes, Krabbeliges, Ekliges auf dem Boden neben der Dusche vorbeihuschen: eine Kakerlake. Ich weiß, die Dinger bringen einen in der Regel nicht um. Trotzdem, eine Klapperschlange, ein Skorpion … all das wäre mir in dem Moment lieber gewesen. Kakerlaken finde ich einfach widerwärtig. Martin tangierte das nicht, er macht sich nichts aus den Tieren. Nach einem spitzen Schrei und einem ersten Schock trat ich das Tier tot.

Kurz darauf telefonierte ich mit unseren Kindern. Ich erzählte von unseren bisherigen Erlebnissen bis hin zu meinem tierquälerischen Akt im Bad. Hätte ich das doch nicht getan.

Unsere Tochter Judith beschrieb mir ausschweifend, dass Kakerlaken in einer Art letztem Aufbäumen im Todeskampf winzige Eier ausscheiden, die am Boden und an den Schuhen festkleben würden, aus denen später quicklebendige Kakerlakenbabys schlüpfen und mir das Leben zu Hause womöglich zur Hölle machen könnten. Die nächste Stunde verbrachte ich damit, meine Schuhe, den Boden und alles, was mit den vermeintlichen Eiern in Berührung gekommen sein könnte, aufs Penibelste zu säubern.

Etwas übertrieben fand Martin es, dass ich am Ende auch unsere Koffer Teil für Teil leerte und sämtliche Kleidungsstücke ausschüttelte, um sicherzugehen, dass sich nicht eins der Tierchen irgendwo heimlich versteckt hatte. Danach verstaute ich die Klamotten wieder. Zum Schluss zog ich noch große Müllbeutel über die Koffer, sicher ist sicher.

8

Das Baby

Martin und ich wollten an diesem Abend noch ein paar Schritte vor die Tür gehen. Der bewaffnete Sicherheitsmann vor dem Eingang des Hotels bat uns beim Hinausgehen darum, immer in seiner Sichtweite zu bleiben. Na ja, sagten wir uns, so wirklich unsicher hatten wir uns bisher gar nicht gefühlt. Wir stapften also los, ohne ein konkretes Ziel.

Bereits nach wenigen Metern bemerkten wir Leute, die uns folgten. Nicht viele, eine Handvoll Menschen, mehr nicht. Das war zunächst einmal nicht ungewöhnlich, wir fielen halt auf. Je weiter wir uns vom Hotel entfernten, desto mehr Leute kamen dazu. Oder bildeten wir uns das nur ein? Martin und ich wurden langsamer. Die Straße, auf der wir gingen, führte, das merkten wir leider erst sehr spät, in eine Sackgasse. Als wir schließlich anhielten, umkreisten uns die Verfolger, sie kesselten uns ein, eine Gruppe von mittlerweile rund fünfzig Personen. Unser vierstöckiges Hotel konnten wir noch sehen, den Wachmann nicht mehr. Die Männer und Frauen um uns herum starrten uns an.

Seit Tagen erlebten wir immer wieder, wie sich Trauben von Menschen um uns bildeten, sobald wir irgendwo auftauchten, aber das hier war anders. Es waren deutlich mehr

Leute, und das Bedrückendste war: Sie sagten kein Wort. Nichts.

Aus einem mulmigen Gefühl wurde Angst. Ich schaute Martin an, spürte, dass es ihm ähnlich ging. Panik kam in mir auf. Die ganze Situation war skurril, für uns nicht zu erklären, bis heute. Keiner der Menschen fasste uns an oder verlangte irgendetwas. Was wollten die bloß? Und wie sollten wir uns verhalten? In unserem Reiseführer stand nichts von solchen angsteinflößenden Flashmobs, nicht eine Silbe.

Als hätten wir uns abgesprochen, gingen Martin und ich los. Betont selbstbewusst liefen wir zurück in die Richtung, aus der wir gekommen waren. Die Leute stoben auseinander. Innerhalb weniger Minuten waren wir wieder am Hotel. Der Wachmann kam uns ein paar Schritte entgegen. Er wollte uns wohl beruhigen, indem er sagte, er hätte uns die ganze Zeit im Blick gehabt. Dabei sah uns der freundliche Herr an, als ob er sagen wollte: »Seht ihr – habe ich es doch gesagt.« Nach einer Zigarette fragte er natürlich auch noch.

Später überlegte ich, ob die Ersten, die uns folgten, vielleicht einfach neugierig gewesen waren, wohin wir gingen. Andere könnten dadurch erst auf uns aufmerksam geworden sein und dachten vielleicht, es gäbe etwas Spannendes zu sehen. Und als wir dann einfach stehen blieben, wusste niemand mehr mit der Situation etwas anzufangen.

Hoffentlich war es tatsächlich nur eine besondere Ausdrucksweise von Neugierde gewesen, die wir erlebt hatten. An etwas anderes wage ich gar nicht zu denken.

Am frühen Abend wollte Dirk noch zu einem Barbier direkt neben dem Hotel, um sich rasieren zu lassen. Barbiere gibt es in den Städten Bangladeschs zuhauf. Tatsächlich haben die meisten Männer in dem Land sehr akkurat gestutzte Bärte. Martin und ich beschlossen, die paar Minuten vor der Tür zu warten. Wir beobachteten das Gewusel der fremden Stadt von einer Bank aus.

Plötzlich tauchte eine Frau vor uns auf. Sie stand da wie vom Himmel gefallen. Wir hatten weder gesehen, woher sie kam, noch, wohin sie eigentlich wollte. Sie ging barfuß, trug ein beiges T-Shirt und hatte sich ein rotes, verwaschenes Tuch um die Hüften gewickelt. Besonders verwahrlost wirkte sie nicht, aber sie war arm, das war eindeutig. Ihre braunen Augen fielen mir auf, sie wirkten auf eine besondere Weise traurig und verbittert.

Die Frau hatte ein Baby auf dem Arm. Das Alter war schwer zu schätzen, es war höchstens ein Jahr, würde ich sagen.

Mit einem Mal erinnerte ich mich an die Frau, sie war einige Minuten zuvor schon einmal an uns vorbeigegangen. Ich erkannte den Verband rund um den Kopf des Kindes wieder. Ob das kleine Wesen ein Junge oder Mädchen war, hätte ich nicht sagen können. Es hatte einen versteinerten Blick und wirkte ängstlich. Mir fiel auf, dass es keine besondere Regung uns gegenüber zeigte, aber auch der eigenen Mutter gegenüber nicht, so als hätte es keine rechte Bindung zu ihr. Das Kind trug nichts außer einer weiß-grauen Leinenwindel und dem Verband um den Kopf.

Die Frau musterte uns. Sie sah recht alt aus für so ein kleines Kind, verglichen mit vielen anderen Müttern, die wir bisher gesehen hatten. Ich schätzte sie auf Mitte dreißig. Vielleicht war sie auch jünger, war aber vom Leben gezeichnet.

Sie stand jetzt direkt vor uns, lächelte uns an. Martin und ich saßen nebeneinander auf der Bank und hatten beide das Gefühl, als nähme sie uns aus unerfindlichen Gründen unter die Lupe. Wir lächelten zurück.

Sie ließ ihr Kind auf den Boden. Es lernte wohl gerade zu laufen, also lag ich mit meiner Schätzung des Alters wohl nicht ganz falsch. Wir hätten es leicht anfassen, es sogar auf den Schoß nehmen können. Aber mein Instinkt sagte mir, das besser zu lassen. Die Situation gefiel mir nicht, dabei hätte ich gar nicht genau sagen können, was mich störte.

Das Kind sah süß aus, keine Frage. Es turnte jetzt an einem Geländer entlang, griff zwei Metallstreben, zog sich immer wieder vor und zurück.

Die Frau kommunizierte mit uns, wie Menschen es halt tun, die nicht dieselbe Sprache sprechen. Mit Händen, Füßen, der Mimik, so gut es ging. Ich versuchte mich an irgendwelchen Zeichen, die bedeuten sollten, was für ein nettes Baby sie hätte. Ich fasste an meinen Kopf, zeigte auf den des Babys und lächelte, um ihr zu zeigen, wie schön ich die glatten schwarzen Haare fand, die durch die offene Stelle des Verbandes zu sehen waren. Sie deutete auf meine Brille und lachte. Offensichtlich war eine Brille etwas sehr Besonderes für sie.

Im nächsten Moment trat die Frau einen Schritt auf mich zu. Sie zeigte mit ihrem Finger auf ihr Kind, hob dann den rechten Arm und streckte ihn halb aus. Ihre Hand wies dabei steil in Richtung Himmel. Eine Geste, die leicht zu deuten war: »Wegfliegen« oder »Flugzeug« sollte sie bedeuten. Dann zeigte sie nochmals auf ihr Kind und sagte drei Worte, die mir durch Mark und Bein gingen:

»Come with you.«

Sie wiederholte den Satz mehrfach. »Come with you, come with you.«

Die Frau wollte uns ihr Baby schenken. Es sollte mit uns kommen. Sie wollte, dass wir ihr Kind mit nach Hause nahmen.

Sie wusste nichts von uns. Nicht, aus welchem Land wir kamen, was wir beruflich machten, ob wir schon Kinder hatten oder nicht. Ob wir gute Menschen waren oder Schwerverbrecher. Sie wusste nur, dass wir hellere Haut hatten und augenscheinlich aus einer Welt kamen, in der die Menschen für ihre Kinder sorgen können.

Die Frau, deren Namen wir niemals erfuhren, bettelte nicht, nicht eine Sekunde. Sie wollte kein Geld. Sie sah verzweifelt aus, aber in diesem Moment auch voller Hoffnung.

Es war eindeutig, dass sie es ernst meinte und die vergangenen Minuten dazu gedient hatten, um einzuschätzen, ob wir freundlich und kinderlieb wirkten. Wie ein Vorstellungsgespräch, bei dem wir nicht wussten, wofür wir uns bewarben.

Noch einmal deutete sie auf ihr Kind und dann auf uns. »Come with you.«

Für mich war sofort klar, dass wir der Frau nicht helfen konnten. Ich sah meinen Mann an. Er schwieg, aber wir kannten uns lange genug, dass ich seinen Blick richtig deutete. Er dachte genau das Gleiche wie ich: Das geht nicht. Wir schaffen das nicht. Wir haben vier Kinder zu Hause, um die wir uns kümmern müssen. Dieses Kind würde uns überfordern. Wir sind hier, um einem Menschen, den wir auf sehr spezielle Art kennengelernt haben, zu helfen. Mehr schaffen wir nicht. Es tut uns leid.

So hart es klingt, aber ich war heilfroh, dass ich das Kind nicht angefasst, es nicht zu mir auf den Schoß genommen hatte. Ich traute der Frau durchaus zu, dass sie einfach weggerannt wäre. Was für ein Leben musste sie führen, dass sie ihr Kind wildfremden Menschen anvertrauen wollte? Wo war der Vater? Wie verzweifelt konnte ein Mensch sein?

Ich sagte nur: »No.« Mehrfach. Ich sah ihr in die Augen. Die Traurigkeit war noch eine Spur stärker geworden, aber vielleicht bildete ich mir das auch nur ein.

Fotografen gelingt es zuweilen, die innersten Gefühle von Menschen in nur einem einzigen Bild sichtbar zu machen. In diesem Moment sah ich die Frau wie solch ein Porträt vor mir. Ich spürte genau, was sie empfand, von einer Sekunde auf die andere. Begegnungen von solcher Intensität hatte ich sonst nur mit Freunden erlebt, die ich seit meiner Kindheit kannte.

Im Leben dieser Frau gab es nur noch eins, was ihr wichtig war: ihrem Kind eine Zukunft zu ermöglichen. Sie hatte die Hoffnung verloren, selbst für es sorgen zu können. Das war alles, was sie fühlte. Ich sagte ein letztes Mal:

»No.«

Die Frau nahm ihr Kind und ging weiter.

Diese Begegnung sollte mich noch die ganze Nacht beschäftigen.

Zurück im Hotel konnte ich mich nicht einfach ins Bett

legen – zu groß war meine Angst, dort könnten sich noch Kakerlaken versteckt halten.

»Wo eine Kakerlake ist, können ja auch viele sein«, sagte ich zu Martin und bezog mein Nachtquartier an dem für mich einzig sicheren Ort des Zimmers: auf der Fensterbank. Ich kauerte mich in Embryostellung auf das Holzbrett.

Die Nacht verbrachte ich ohne Schlaf. Dafür hatte ich endlich Zeit, meine Gedanken schweifen zu lassen. Die Erlebnisse der letzten Tage musste ich, wenigstens ansatzweise, erst einmal verarbeiten.

Ich schaffte es zunächst, die Erinnerung an die Frau mit dem Baby ein Stück weit zu verdrängen, aus reinem Selbstschutz. Es war einfach unerträglich, eine solche Verzweiflung hautnah mitzubekommen.

Ich zwang mich, an Gazi zu denken. Mein Blick wanderte durch das Zimmer. Hatten Raija oder Gazi schon einmal in einem Hotel übernachtet? Wie reagierte Raija auf Kakerlaken? Waren sie je in einem Restaurant, haben sich bedienen lassen? Hatten sie einen Führerschein? Einen Kühlschrank? Regenjacken? Alles Dinge, die für uns Deutsche so normal sind, dass wir sie gar nicht mehr hinterfragen. Und Dinge, die sich die wenigsten Menschen hier leisten können.

»Wir sind die Summe unserer Erfahrungen.« Dieser Satz eines amerikanischen Philosophen passte ganz gut in diesem Moment. Gazis Welt war eine andere als die unsere. Ich war mir sicher, die meisten würden es sich wünschen, einen höheren materiellen Lebensstandard zu haben. Aber ich fragte mich, ob Martin und ich so viel glücklicher waren als die Leute hier, nur weil wir uns elektrische Zahnbürsten leisten können. Wenn man »glücklich sein« auf einer Skala ausdrü-

cken könnte, um wie viele Punkte lägen wir höher als die Menschen hier? Oder war es sogar umgekehrt?

Zu einer Lösung kam ich nicht, aber das Nachdenken lenkte mich von meinem Neid ab, den ich gegenüber Martin hegte, der friedlich eingeschlummert war – was er am nächsten Morgen natürlich vehement bestritt: »Ich habe doch auch kein Auge zugetan, mein Schatz!«

Ich schlief in dieser Nacht tatsächlich nicht eine Sekunde. In Ermangelung eines Fernsehers blickte ich aus dem Fenster. Was mich überraschte, war, dass diese Stadt anscheinend niemals schlief. Jedenfalls war um drei Uhr nachts nicht viel weniger Betrieb auf der Straße als um sechs Uhr abends. Und ich konnte beobachten, dass es stimmte, was wir von unserem Kamerateam gehört hatten: Viele Einheimische schliefen in oder unter ihren Autos in der Sorge, dass Diebe den Wagen oder auch nur Teile davon stehlen könnten. Das lag angeblich daran, dass es in dem Land sehr schwierig war, an Kfz-Ersatzteile zu kommen. Es ging den Dieben also in erster Linie nicht darum, Geld mit dem Erbeuteten zu verdienen, sondern überhaupt irgendwie an die Teile zu kommen, auch wenn das für den Geschädigten natürlich kein besonderer Trost war … Ich hielt inne. Kakerlaken, Kfz-Ersatzteile, war ich mittlerweile schon so abgestumpft, dass ich mir darum Gedanken machte, aber nicht um die Frau mit dem Baby?

Während der gesamten Nacht hatte ich sie unterhalb meines Fensters nicht mehr gesehen. Was hätte ich wohl getan, wenn sie dort gewesen wäre? Noch mal zu ihr gehen, ihr etwas zu essen oder zum Anziehen kaufen? »Wir können Ihr

Kind leider nicht retten, aber möchten Sie stattdessen wenigstens ein Süppchen?« Wie zynisch hätte das für diese Frau geklungen? So hart es war: Mir wurde in dieser Nacht sehr klar, wie begrenzt unsere Möglichkeiten waren.

Ich dachte an unsere eigenen Kinder. Ob mein Vater, den ich nicht lange zu dem Babysitter-Job hatte überreden müssen, nicht doch überfordert war? Klappte alles mit der Schule? Aßen sie genug? Natürlich wusste ich, dass sie auch mal eine Zeit lang ohne mich auskamen. Nur war es das erste Mal überhaupt, dass ich so lange von ihnen getrennt war. Was, wenn Martin und mir hier etwas passieren würde? Der Verkehr war mit »gefährlich« noch harmlos umschrieben. Auch wussten wir, dass Weiße regelmäßig das Ziel von Entführern waren. Was würde dann aus unseren Kindern werden?

Ich überlegte auch, ob ich es schaffen würde, ihnen die Eindrücke hier realitätsnah zu schildern. Martin und ich waren selbst damit überfordert, manche Erlebnisse zu verarbeiten und richtig einzuordnen. Wir riefen jeden Tag zu Hause an, aber erzählten eher die positiven Geschichten. Wir hatten Angst, unsere Kinder könnten sich Sorgen um uns machen.

Gegen Sonnenaufgang ging eine Person auf dem Platz vor unserem Hotel reihum von Rikschafahrer zu Rikschafahrer und sammelte Geld ein. Ich weiß bis heute nicht, ob die Fahrer eine Art Leihgebühr für die Räder oder einen Teil ihrer Einnahmen abtreten mussten. Es sah jedenfalls nicht übermäßig legal aus.

Ob Gazi früher auch mal mit seiner Beinkraft Kunden

durch die Städte gefahren hatte? Dies war einer der letzten Gedanken auf meinem »Fensterbett«. Wenig später war die Nacht um.

Martin wachte auf, lächelte mich an und sagte: »Heute ist es so weit, oder?«

9

Ankunft bei Gazi

Die größten Mangrovenwälder der Erde erstrecken sich im Süden von Bangladesch und, direkt angrenzend, in Teilen Indiens. Das Gebiet um den Golf von Bengalen heißt *Sundarbans*. Frei übersetzt bedeutet es »die schönen Wälder«. Hätte ich einen passenden Namen wählen dürfen, hätte ich eher für »allerschönste Wälder« oder »unfassbar schöne Landschaft« plädiert. »Schöne Wälder« umschreibt für mich nicht annähernd, wie wundervoll dieses Gebiet ist.

Mehr als zweihundert Flüsse fließen durch die Sundarbans. Ihr Wasser erhalten sie überwiegend aus den Hängen des Himalaya und der Monsunzone Indiens und Bangladeschs. Die ganze Region ist durch die vielen Flüsse für Menschen nur schwer zugänglich. Zahlreiche Tierarten, unter ihnen Pythons, Hirsche, Krokodile, seltene Fisch- und Vogelarten, sind hier beheimatet. Das bekannteste Tier ist der vom Aussterben bedrohte bengalische Tiger. Die UNESCO hat die Sundarbans nicht umsonst zum Weltnaturerbe erklärt.

Gazi wohnt in den nördlichen Ausläufern des Nationalparks. Wir näherten uns diesem Gebiet in unserem schwülheißen Van in den Morgenstunden.

Die Farbenpracht, die die Landschaft uns bot, erschien mir so imposant, dass es fast ins Kitschige glitt. Die Pflanzen prahlten mit sattem Grün, die exotischen Obstbäume trugen eine solche Masse an roten, gelben und orangenen Früchten, dass einem die Äste leidtaten. Die Palmen links und rechts der Straße waren in meinen Augen so riesig, dass ich Angst hatte, Kokosnüsse könnten herabfallen und glatt durch die Windschutzscheibe schlagen.

Tee- und Reisfelder wechselten sich ab mit Obstplantagen, Mango- und Litschibäumen, Bananenstauden, wild wachsenden Guavesträuchern und Jackfruchtbäumen.

Seit wir das Stadtgebiet von Khulna vor einer knappen Stunde verlassen hatten, wurden die Straßen in gleichem Maße schlechter, wie die Landschaft schöner wurde. Wäre ich nicht so müde von der schlaflosen Nacht zuvor gewesen, ich hätte meine Aufregung sicherlich noch deutlicher gespürt, wenn das überhaupt möglich war.

Abir hielt vor der Überquerung eines kleinen Flusses an. Er war nicht besonders breit, vielleicht zehn Meter. Eine Brücke aus massiven, breiten Baumstämmen war für Autos angelegt worden. Vor der Brücke stand ein älterer Herr. Abir ging zu ihm. Was die beiden redeten, konnte ich nicht verstehen, aber unser Kameramann zückte am Ende des Gesprächs sein Portemonnaie und gab dem Herrn etwas Geld.

Als er zurückkam, fragte ich ihn: »Müssen wir etwa zahlen, um über die Brücke fahren zu dürfen?«

Abir nickte. Sein Grinsen war vielsagend. Er hätte sich vielleicht darüber aufregen können, aber so wie an dieser Brücke lief offenbar vieles in diesem Land. Eine Mautbrücke im Nirgendwo von Bangladesch. Beim Vorbeifahren lächelte uns der Brückenwärter verschmitzt zu. Vielleicht hatte er einfach irgendwann für sich selbst entschieden, dass man für das Überqueren der Baumstämme Geld zahlen müsse, und die Reisenden akzeptierten es aufgrund seines Charmes.

Wenig später erreichten wir Gazis Dorf. Dorf ist eigentlich ein irreführender Begriff, es handelt sich eher um eine Ansammlung von einfachen Hütten, vergleichbar mit einer Bauernschaft in Deutschland.

Niemand von uns wusste, wo genau Gazi wohnte. Abir hatte uns daher beim »Bürgermeister« angekündigt, der darauf gedrängt hatte, ihn zuerst zu besuchen, bevor er uns zu Gazi führen würde.

Den Namen des Bürgermeisters hatte ich gleich wieder vergessen, nachdem er sich vorgestellt hatte. Er war ein freundlicher Herr um die sechzig, mit Schnauzbart und einem gewinnenden Wesen. Das Auffälligste an ihm war ein schwarzer Ledergürtel, den er trug. Einen Gürtel hatte ich hier bisher nur bei einigen Geschäftsleuten in Dhaka gesehen. Er wohnte mit seiner Familie in einem Haus aus gemauerten Wänden. Das war insofern bemerkenswert, als es das erste dieser Art war, seit wir Khulna am frühen Morgen verlassen hatten.

Der Bürgermeister, der natürlich kein Bürgermeister war, sondern eine Art Gemeindevorsteher für das ganze Gebiet, führte uns in sein Haus. Mit dabei waren drei weitere Herren, die freundlich und neugierig schauten, einige Frauen in, so schien es für mich, festlichen Gewändern und, wie überall, eine süße Kinderschar. Und was zeigte ein Bürgermeister am malerischsten Ende der Welt seinen Besuchern?

Seinen Fernseher. Ein uraltes, kleines Röhren-TV-Gerät.

Das zu besitzen machte ihn augenscheinlich mächtig stolz. Auch einen Radioempfänger nannte er sein Eigen. Wir honorierten die beiden Geräte mit einer beeindruckten Miene. Dabei war uns seine Multimediaanlage herzlich egal. So nett der Herr auch war, wir wollten zu einem anderen Mann. Zu dem Mann, der uns mit seinem Zettel um die halbe Welt gelockt hatte. Es half aber nichts. Wir wurden durch das Haus geführt, mitsamt dem ganzen bunten Gefolge.

Dann endlich stiegen wir wieder in Abirs Wagen. Der Bürgermeister mit Ledergürtel fuhr mit uns.

»Martin, kann es sein, dass wir gar kein Gastgeschenk dabeihaben?«, fragte ich meinen Mann, kurz bevor wir endlich ankamen. In den Tagen vor dem Abflug hatten Martin und ich überlegt, was man Gazi mitbringen könnte. Da wir aber keine genaue Vorstellung davon hatten, wie er lebte und was genau seine Bedürfnisse waren, hatten wir am Ende gar nichts mitgenommen. Zu groß waren unsere Bedenken gewesen, mit einem falschen Geschenk für einen peinlichen Moment zu sorgen.

Aber wenigstens etwas wollte ich ihm überreichen. »Abir, meinst du, hier kann man irgendwo Blumen auftreiben?«, fragte ich leicht verzweifelt.

Der Bürgermeister kannte tatsächlich ein Blumengeschäft auf dem Weg, und so hielten wir wenig später an einer kleinen Hütte. »Blumengeschäft« war als Begriff für diesen Laden mindestens so übertrieben, wie Bürgermeister zu dem Mann mit dem Schnurrbart zu sagen. In der Hütte wohnte eine Familie, die am Eingang genau drei Blumensträuße platziert hatte. Ich nahm den linken, ein Gemisch aus roten und weißen Gewächsen, deren Namen nur erfahrene

Botaniker wissen können, eingehüllt in übertrieben voluminöses Verpackungsmaterial, das verdächtig nach Alufolie aussah.

Dann bogen wir in den Weg ein, wo Gazi wohnen sollte. Die letzte asphaltierte Straße lag schon eine Weile hinter uns. Dieser Pfad war nicht mehr als von Fahrrädern platt gefahrener Lehmboden. Links und rechts wuchsen wilde Orchideen und Farne, die so hoch über den Weg reichten, dass die Sonne kaum hindurchkam.

Einige Meter vor dem Fußweg zu seinem Haus hielten wir an und stiegen aus. Mein Herz schlug wie wild vor Aufregung. Nicht nur meine Hände zitterten, die Arme zuckten gleich mit. Mein beigefarbenes Shirt war durchgeschwitzt. Martins Sachen sahen ähnlich aus. Ich hätte mich unserem Gastgeber gern etwas feierlicher präsentiert, aber das war jetzt nicht mehr zu ändern.

Noch einmal durchatmen. Der Bürgermeister zeigte uns, wo genau Gazi wohnte. Martin und ich gingen voran. Ich war froh, dass wir den Strauß Blumen noch besorgt hatten. So wusste ich wenigstens, wohin mit meinen Händen. Hinter uns folgten mit einigen Metern Abstand der Bürgermeister, das Kamerateam, Dirk, einige weitere Erwachsene, die woher auch immer kamen, und natürlich eine Schar Kinder.

Ich erkannte Gazi sofort. Er stand schüchtern am Wegesrand, flankiert von zwei weiteren Männern – seinen Brüdern, wie wir später erfuhren. Martin ging direkt neben mir. Wir sprachen auf den letzten Metern zu diesem so ungewöhnlichen Treffen kein Wort.

Uns ging es beiden gleich: Ein Jahr lang hatten wir versucht, uns vorzustellen, wie dieser Gazi wohl war. Wie er sprach, welche Charakterzüge er hatte, Eigenarten, ob er viel lachte, was für ein Typ Mensch er war. Jetzt freuten wir uns darauf, endlich Antworten zu bekommen.

Als Erstes mussten wir ihn aber irgendwie begrüßen. Nur wie genau?

Unsere Erfahrung der letzten Tage hatte mir vor Augen geführt, dass ich im Umgang mit Menschen aus dieser völlig anderen Kultur alles andere als erfahren war, und das machte mich unsicher. Sollte ich Gazi umarmen? Durfte ich das? Sollte ich mich verbeugen?

Ich entschied mich für das, was ich am besten kann: Mit weit nach vorn ausgestreckter Hand ging ich entschlossen auf Gazi zu.

10

Gazis Sippe

Vor lauter Nervosität versagte mir fast die Stimme.

Leise, wie eine heisere Maus, sagte ich: »Hello, Gazi.«

Er antwortete ebenfalls auffällig schüchtern: »Hello. I'm very, very happy.«

Er freute sich also. Die Worte hörten sich aus seinem Mund lustig an. Er sprach dieses rasende Stakkato-Englisch mit den harten Konsonanten, für das Inder bekannt sind.

»I'm very, very happy« hörte sich aus seinem Mund an wie »Eimverrivrriipy«.

Gazi führte dabei einige Male seine rechte Hand zu seinem Herzen und flüsterte nicht viel lauter als ich: »I'm very proud.« Er sei sehr stolz, sagte er mit brüchiger Stimme.

Wir standen an einem schmalen, unbefestigten Weg, der von einem nicht viel größeren, weiteren unbefestigten Weg zu seinem Haus führte. Über uns, neben uns, hinter uns, überall sprossen Dschungelpflanzen, Palmen, Magnolien. Es roch und sah aus wie in einem botanischen Garten. Die Blumen, die ich Gazi in die Hand drückte, wirkten, als hätte ich sie auf dem Weg selbst gepflückt.

Martin stand die ganze Zeit neben mir. Er verstand leider fast kein Wort, aber das machte ihm in diesem Moment nichts aus. Es war für uns beide ohne Zweifel die intensivste Erfahrung seit der Geburt unseres letzten Kindes.

Wie viel Glück hatten wir, dass diese irre Geschichte ihren vorläufigen Höhepunkt erreichte. Wir hatten Gazi gefunden.

Obwohl Gazi seine Unsicherheit anzumerken war, sah er mir mehrere Minuten lang direkt in die Augen, während wir sprachen. Er war etwa so groß wie ich, hatte sehr dunkle Haare und trug einen Seitenscheitel. Gazi hatte ein markantes Gesicht mit nach vorn stehenden Wangenknochen. Seine Haut war für die Menschen der Region eher dunkel, mit leicht orangefarbenem Teint. Seine Augen waren unterlaufen, sahen müde aus. Er wirkte wie ein Mann, dem das Leben zusetzt.

Wie fühlte sich die Situation wohl für ihn an?, fragte ich mich, ohne mir darüber im Klaren zu sein, wie es sich für mich gerade anfühlte. Sicher war ich mir nur darin, dass mir Schweiß den Rücken herunterlief und mir das peinlich war.

Und er? Ich hätte einiges darum gegeben zu erfahren, was er in diesem Moment dachte. Über uns, unseren Besuch und was er eigentlich davon erwartete. Wir hatten nicht ein einziges Mal miteinander gesprochen, kein Telefonat geführt, nur einige Briefe hin- und hergeschickt.

Gazi wirkte auf mich eingeschüchtert, verunsichert, zitterte aber nicht so wie ich und schien auch nicht so nervös, wie ich es war. Seine Augen verrieten eher Neugierde, was dieser Tag wohl bringen mochte.

Unser Gastgeber trug ein helles Oberhemd, dazu eine braune Stoffhose und schwarze Schuhe. Wenn ich das richtig sah, handelte es sich um die gleichen Kleidungsstücke, die auch auf seinem Hochzeitsfoto zu sehen waren.

Seine Schultern hingen etwas nach vorn, ansonsten stand er kerzengerade. Er sprach so schnell, dass ich Schwierigkeiten hatte, ihn zu verstehen. Sein Englisch hatte eine einfache Grammatik, der Wortschatz war überschaubar. Wir sagten beide noch einige Male Dinge wie: »Nice to see you. How are you? I'm fine, thank you.« Natürlich war das Gesagte an Oberflächlichkeit nicht zu überbieten. Aber hier ging es gerade darum, sich zu beschnuppern und die Gefühle sacken zu lassen, die beide Seiten durchlebten.

»Er freut sich, uns zu sehen. Ihm geht es gut, und er ist sehr stolz, dass wir hier sind«, übersetzte ich für Martin. Der nickte nur. So, wie er dabei schaute, dachte er wohl: »Ist das abgefahren. Hätte ich nicht gedacht, dass wir das mal erleben.«

Ich blickte Gazi immer noch ins Gesicht und sagte ihm, dass er jünger aussähe als auf den Fotos. Er reagierte kaum, wahrscheinlich machte er sich nicht viel aus seinem Alter. Meine Frage, wo seine Frau Raija sei, beantwortete er mit: »Home.« Er meinte damit aber nicht sein Zuhause, sondern das ihrer Eltern, wie wir später erfuhren.

Gazi führte uns über einen Trampelpfad an einer eingefallenen Mauer entlang, die aussah, als holte sich die Natur gerade die Steine zurück. Wir gingen zum Haus seiner Eltern, wo auch er wohnte. Lianen hingen von den Bäumen. Mir fielen rosafarbene Seerosen auf einem kleinen Teich auf.

Wir vernahmen die Stimmen von Tieren, teilweise waren es Laute, die ich noch nie zuvor gehört hatte. Es mochten

Vögel sein oder auch Affen, ich konnte die Geräusche nicht einschätzen. Es hätte mich nicht gewundert, wenn Indiana Jones hier plötzlich aufgetaucht wäre und nach irgendeinem verwunschenen Schatz gefragt hätte.

Wir gingen über matschigen Boden, mussten immer wieder kleinere Äste und Blätter von unseren Gesichtern fernhalten, bis wir angekommen waren.

Das »Haus« sah ähnlich aus wie diejenigen, die wir auf der Fahrt hierher zu Dutzenden gesehen hatten. Das Wort »Wellblechhütte« traf es wohl am ehesten. Aus der Nähe sahen wir eine solche Behausung jetzt im Detail. Holzpfähle dienten als Eckpfeiler. Alte Holzplanken verstärkten Wellbleche, die an die Pfeiler genagelt oder mit Seilen angebunden waren. Das Spitzdach bestand aus Holzbalken, auf denen etwa einen halben Meter hohes verdichtetes Schilf lag. Das Fundament des Hauses sah auf den ersten Blick nach schlecht gegossenem Zement aus. Bei näherer Betrachtung erwies sich der Untergrund aber schlicht als platt getretener Lehmboden. Im Grunde stand die Hütte auf der nackten Erde. Vor uns ragte ein ganz normales bangladeschisches Familienheim auf. Man könnte sagen, unser Reihenhaus in Wesseling war das deutsche Äquivalent dazu.

Die verwitterte rote Eingangstür aus Holz in der Mitte der Vorderseite war keine zwei Meter hoch. Eine dreistufige Treppe aus Beton führte zu dem Eingang. Sie wurde zu beiden Seiten flankiert von ebenso roten Betonbänken. Diese boten Platz für je zwei Leute. Die Jahre hatten die rote Farbe im Eingangsbereich verblassen lassen. Positiv betrachtet, hatte das Ganze eine Patina. Man könnte aber auch sagen, die Hütte sah heruntergekommen aus.

Die Tür besaß kein Schloss. Entweder war hier immer jemand zu Hause, oder die Einbruchrate war in dieser Region sehr gering. Wahrscheinlich traf beides zu.

Gazi führte uns hinein. Bevor ich mich orientieren konnte, begann Gazi voller Stolz damit, uns seine Familie vorzustellen. Sie standen alle eng beieinander in einem dunklen Vorraum.

»Myyyymother.«

Seine Mutter wirkte mindestens vierzig Jahre älter als er. Sie maß etwa einen Meter fünfzig. Tiefe Falten zeichneten sich in ihrem Gesicht ab, und sie sah fast genauso aus, wie ich mir alte Mütterlein in Gebrüder-Grimm-Märchen immer vorgestellt hatte. Sie trug einen dünnen Schleier aus grauem Stoff. Sie nickte uns kurz zu, blickte abwartend, ängstlich, vielleicht auch etwas mürrisch. Dabei sprach sie kein Wort. Ganz im Gegensatz zu ihrem Mann.

»Myyyyfather. Noinglisch.«

Gazis Vater hatte sehr kurze weißgraue Haare, einen langen, ebenfalls weißen Bart und auf der Nase eine uralte schwarze Brille mit runden Brillengläsern. Die waren so dick wie Bullaugen früher in unserem Freibad. Dahinter beobachteten zwei wache und neugierige Augen das Geschehen.

Dem Vernehmen nach sprach er also kein Englisch. Wichtige Dinge verstehen Menschen aber auch, wenn sie in völlig fremden Sprachen miteinander reden, wie ich bei dieser Begegnung feststellte.

Er schien äußerst erfreut über unseren Besuch, das war eindeutig. Welche Bedeutung die Worte genau hatten, mit denen er uns einhüllte, spielte keine große Rolle. Er lachte ein herzliches, lausbübisches Lachen, das nur bei Menschen so süß aussehen kann, die wie er nur noch eine Handvoll Zähne im Mund haben. Der Mann war nicht viel größer als seine Frau. Trotzdem strahlte er etwas Erhabenes aus – die Aura eines Menschen, der trotz seiner Armut aufrecht durchs Leben geht. Den es ohne Zweifel mit Stolz erfüllte, dass sein Sohn es fertiggebracht hatte, zwei Menschen aus dem fernen Deutschland in diesen entlegenen Winkel des Planeten zu bringen.

Wir mussten all das erst einmal begreifen: die Sache mit dem Bürgermeister, dann die Menschen, die uns ständig beobachteten, die erwartungsvollen Blicke der Familie, dieser würdevolle Familienvater vor uns – unser Besuch bedeutete dieser Familie viel mehr als die Hoffnung auf Geld. Ich schämte mich sogar fast meiner Gedanken im Vorfeld, dass es hier nur um Finanzielles gehen könnte.

Für diese Leute war es in erster Linie eine große Ehre, uns willkommen heißen zu dürfen.

»Mysista. Mybrotha. Myothersista. Myneffju.«

Brüder, Schwestern, Neffen. Sie alle standen um den Türrahmen herum, hinter dem sich die beiden weiteren Räume der Hütte befanden.

Uns sahen in diesem Moment rund fünfzehn Mitglieder der Großfamilie erwartungsvoll an. Niemals zuvor, so erfuhren wir, hatten sich Menschen aus Deutschland in diesen Ort verirrt.

Gazi bot mir einen Sessel an. Ich nahm den Raum jetzt erst im Detail wahr. Es handelte sich wohl um eine Art Wohnzimmer, wenngleich Gemütlichkeit hier nicht mit eingezogen war. Die Wände, so man die zusammengeschusterten Bretter als solche bezeichnen konnte, waren bis auf fünf Papierkalender der letzten Jahre weitgehend nackt.

Beleuchtung gab es keine. Das Mobiliar bestand aus einem Klapptisch, drei Plastikstühlen und dem Sessel, auf dem ich saß. Tatsächlich hatte es den Anschein, als ob irgendwann einmal jemand vier Pfähle in den Boden gerammt hätte und dann nach und nach hier ein Blech, da ein Stück Holz oder sonstiges Baumaterial dazugekommen wäre.

Das braune Sitzmöbel war viel zu mächtig für den vielleicht fünfzehn Quadratmeter großen Raum. »Wahrscheinlich hat Gazi ihn extra für uns geliehen«, sagte ich leise zu Martin.

An einer Wand bewahrte die Familie einige Lebensmittel in einem kleinen Regal auf. Etwas Gemüse, Reis, Gewürze.

Der Klapptisch stand vor mir, überzogen mit einer blau-weißen Tischdecke. Darauf waren, wie in einem Restaurant, sechs Gläser und drei PET-Flaschen gefüllt mit Wasser arrangiert. Die Plastikstühle sahen alle unterschiedlich aus. Martin ließ sich auf einen nieder. Die Stuhlbeine sanken mehrere Zentimeter in den Boden ein. Martin schaute verdutzt, ließ sich seine Sorge, ob der Stuhl ihn aushalten würde, ansonsten aber nicht anmerken.

Gazi saß jetzt neben mir. Um uns, die Repräsentanten aus Deutschland, herum hatte sich der ganze Rest der Familie aufgestellt.

Aber was repräsentierten wir eigentlich? Am ehesten standen wir aus unserer Sicht für Leute, die Kleidung kauften, die in Bangladesch hergestellt wurde, und die der Zufall hierher verfrachtet hatte. Nicht mehr und nicht weniger. Die Aufwartungen der Familie fühlten sich für Martin und mich daher übertrieben an. In der Nachbetrachtung erst wurde uns klar: Allein die Tatsache, dass wir die Reise zu ihnen angetreten hatten, war eine solche Anerkennung für die gesamte Familie, wie sie es zuvor wohl noch nie erlebt hatte. Das mussten wir aber erst einmal verstehen. Zumal wir selbst voller Dankbarkeit waren, hier sein und das alles erleben zu dürfen.

Während unserer Gespräche versuchte ich mich immer wieder daran zu erinnern, dass Martin nicht verstand, was auf Englisch gesagt wurde. Daher lief es überwiegend so ab: Ich fragte Abir etwas auf Englisch, er übersetzte die Frage für Gazi und dessen Antwort wiederum mir. Dann übersetzte ich meine Frage und Gazis Antwort für Martin. Ja, es war wirklich so kompliziert, wie es sich anhört. Und wenn meinen Mann etwas besonders interessierte, drehten wir noch eine Schleife mehr.

Oft vergaß ich leider, die Sätze zu übersetzen. Ich wollte so vieles wissen, erfahren, begreifen.

Ich fragte Gazi nach seiner Frau. Er erzählte, Raija sei bei ihren Eltern, nicht weit von hier. Wir könnten sie später besuchen. Nebenbei erwähnte er: »Raija ist schwanger.«

Ich riss die Augen auf, dachte: Wie bitte? Davon hatte er in seinen Briefen nicht ein Sterbenswörtchen erzählt.

»Wie weit ist sie denn, also in welchem Monat?«, fragte ich.

Gazi verstand die Frage nicht. Die Wochen und Monate bis zur Niederkunft zu zählen war dort wohl nicht verbreitet. Er machte mit seinen Händen stattdessen eine Geste, als hätte er einen kugelrunden Bauch.

Warum hatte er nichts davon geschrieben? Ich sah zu Martin, übersetzte ihm die Neuigkeit. Er war mit seinem Stuhl noch ein Stück tiefer in die Erde gesunken und machte große Augen.

Gazi erklärte, er wäre zu aufgeregt gewesen, um es uns zu schreiben. Jedenfalls verstand ich ihn so. Aber eigentlich begriff ich gar nichts. Vier Briefe hatte er geschickt, über sein Leben erzählt, seine Familie, das Land beschrieben, sogar erwähnt, wie viele Quadratkilometer Fläche Bangladesch hat – aber dass er bald Vater wurde, hatte er ausgelassen.

Wir fragten später unser Kamerateam, ob das vielleicht einen kulturellen Hintergrund haben könnte. Aber auch Abir fand die Sache merkwürdig.

Wir saßen eine Weile an dem Tisch und unterhielten uns. Der Ablauf war immer gleich: Ich stellte Fragen, und Gazi antwortete. Er selbst fragte so gut wie nichts, man konnte seinen Respekt vor uns fast greifen.

Aus meinem Rucksack holte ich irgendwann Fotos von unseren Kindern heraus. Gazi wusste aus unseren Briefen ja schon, wie groß unsere Familie ist, aber ich wollte ihm gerne persönlich schildern, wie wir lebten. Dazu kramte ich zwei Packungen Kekse aus Deutschland heraus. Ich erklärte, wer auf den Bildern zu sehen war, wie alt unsere Kinder waren, in welche Klassen sie gingen. Was man halt so erzählt.

Die Kekse legte ich auf den Tisch und erwähnte, wir hätten sie extra aus Deutschland mitgebracht.

Kekse aus Deutschland – ich weiß, das klingt banal und auch ein bisschen deplatziert. Wenn wir uns selbst eine Weile in dieser Hütte zugehört hätten, wir hätten uns wahrscheinlich ständig vor die Stirn gehauen, so unsinnig waren manche meiner Bemerkungen …

»Ah, die Holzplanken hier muss man also nach jedem Sturm austauschen.«

»Ach, das ganze Haus ist dann im Grunde nicht mehr zu bewohnen? So, so …«

»Wo gibt es denn hier die nächste Bushaltestelle? Bushaltestelle – das sagt Ihnen gar nichts? Ahh …«

Martin und ich stolperten von Gesprächsthema zu Gesprächsthema. Wir hatten keinen konkreten Ablauf für die Zeit mit Gazi und seinen Lieben im Kopf. Wir hatten im Vorfeld ja nicht einmal etwas mit ihm absprechen können.

So verlief unser Besuch eher spontan, was einerseits schön war, aber später bereute ich, so viele Dinge nicht gefragt und erfahren zu haben. Unser Reiseplan sah vor, dass wir nur diesen einen Tag – eigentlich waren es nur einige Stunden – mit Gazi verbringen würden.

Die hellen Tiergeräusche von draußen waren auch hier in der Wellblechhütte deutlich zu hören. Sonst nahmen wir nur noch spielende Kinder wahr, sonst nichts. Für unsere Ohren war das Erholung pur. Wenn es nur nicht so stickig gewesen wäre.

Zu meiner Erleichterung sah ich auch bei den Familienangehörigen von Gazi Schweißperlen auf der Haut. Die Frauen trugen bunte Gewänder um ihre schlanken Körper, dazu locker gebundene Kopftücher. Die meisten Männer hatten helle Hemden und Wickelröcke an. Die Stoffe waren dünn. Es war nicht zu übersehen, dass die Kleidungsstücke alt waren, aber zerschlissen wirkten sie nicht. Augenscheinlich wurden sie gut gepflegt.

Kleidung … Ach ja, da war ja was: Ich holte den Zettel aus meiner Tasche, ohne den wir nie hier gesessen hätten. Wobei Martin allerdings mittlerweile so tief eingesunken war, dass er eher hockte als saß.

Gazi zeigte mit dem Finger auf seinen Hilferuf: »Yes, this. Yes, this I write.« Ja, diesen Zettel hatte er geschrieben.

Die Nachricht noch einmal vor sich zu sehen löste etwas in ihm aus. Es sprudelte mit einem Mal nur so aus ihm heraus – die ganze Geschichte, wie er auf die Idee gekommen war, wie er es angestellt hatte. »Es war einfach spontan. Geplant hatte ich das nicht.« Und weiter: »Ich arbeitete schon seit einigen Jahren in der Verpackungsabteilung der Fabrik in Dhaka. Meine Aufgabe bestand darin, die Hemden zu kontrollieren, in Folien zu legen und sie dann in Pappkartons zu verpacken.« Das hieß: Die Chance, erwischt zu werden, war gering, verriet er uns. Nach ihm überprüfte keiner der Fabrikangestellten mehr die Ware. Bis sie in den Regalen der Läden landete, kontrollierten die Großkunden lediglich stichprobenartig die Hemden.

»Also nahm ich ein Stück Pappe von einer Verpackung, kritzelte die Nachricht darauf und steckte sie in den Hemdkragen. Ich dachte, die Chance auf Hilfe sei sicher gering, aber etwas anderes fiel mir nicht ein. Und was hatte ich schon zu verlieren?«

Zu dem Zeitpunkt waren er und die Familie wirklich in Schwierigkeiten gewesen. Die Krankheit seines Vaters, die Ausbildung seiner Frau, dazu Schulden bei Nachbarn und Freunden, von denen wir nicht wussten, wie hoch sie wa-

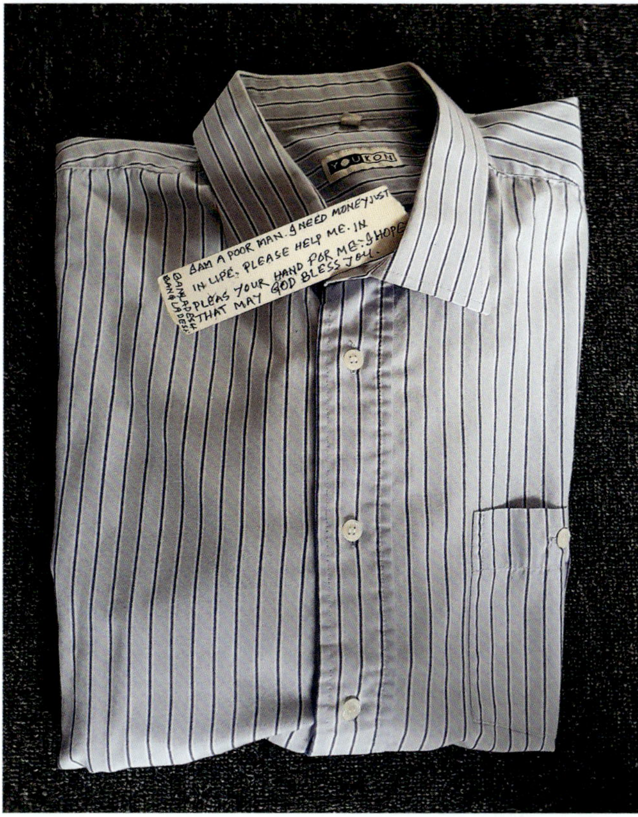

In diesem unscheinbaren Hemd
versteckte sich die Nachricht

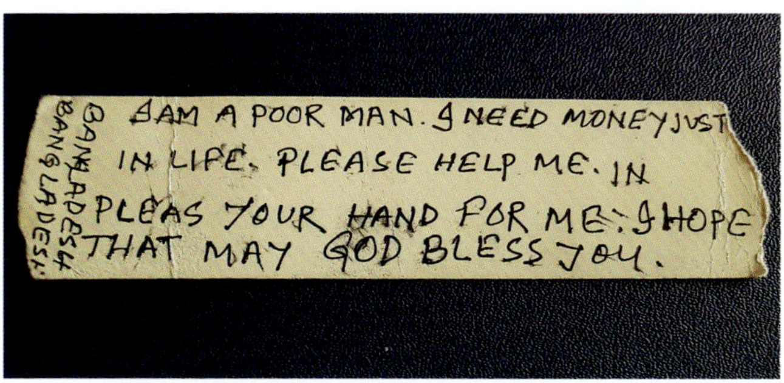

Vier Zeilen, die unser Leben verändert haben

Unser erster Eindruck von Gazi und seiner Frau Raija, ihr Hochzeitsfoto

Dhaka, eine Stadt der Gegensätze

Abenteuer Fährfahrt: Solche verrosteten Schiffe sind in Bangladesch völlig normal

2006: Die beiden Sitzbänke aus Beton waren das einzig Massive an Gazis Hütte

In der Umgebung von Gazis Hütte ist alles grün

Kurz vor dem Abschiednehmen stellten wir uns zum Gruppenfoto auf

Noch wusste ich nicht, wie lange es dauern sollte,
bis ich Raija und Gazi wiedersehen würde

Bei unserem zweiten Besuch in Bangladesch besichtigten wir eine Textilfabrik

Endlich sehen wir Gazi wieder

Gazis Haus heute – seit unserem ersten Besuch hat sich viel getan

Gazi hilft seinem Sohn Raquibul bei den Schularbeiten

Von Raija bekomme ich mein erstes Henna-Tattoo

Während der Bootsfahrt in den Sundarbans

ren … Auch seine Geschwister verdienten zu wenig, um die Familie über Wasser halten zu können.

Gazi redete klar und ohne Selbstmitleid. Er machte den Eindruck eines Mannes, der sich seiner Situation sehr bewusst und darüber im Klaren war, dass sich etwas ändern musste, wenn er ein »normales« Leben führen wollte.

Unsere Befürchtung, Gazi hätte wegen des Zettels seine Arbeit verloren, bestätigte sich allerdings nicht. Arbeitsverträge, wie wir sie kennen, sind in seiner Branche nicht üblich, das wussten wir schon.

Gazi erzählte uns, zu der Zeit hätten die Arbeiter in seinem Betrieb einige Male gestreikt. Es wäre zu Demonstrationen gekommen, an denen auch er teilgenommen hatte. Es ging ganz einfach um die Forderung nach höheren Löhnen beziehungsweise der Einführung eines Mindestlohns. Irgendwann hätte der Betreiber der Firma den Betrieb von heute auf morgen geschlossen und unter einem neuen Namen wiedereröffnet. Die Teilnehmer an den Streiks wären nicht eingestellt worden. Der Zettel war da zum Glück bereits unterwegs gewesen.

»Ist das dreist«, entfuhr es Martin. »Wer aufmuckt, wird einfach entlassen. Kein Wunder, dass die so niedrige Löhne zahlen können.«

Dass solch ein Geschäftsgebaren möglich war, machte auch mich wütend. So ganz unvorbereitet traf es mich aber nicht, denn wie miserabel die Arbeiterinnen und Arbeiter in den Fabriken behandelt wurden, wusste ich bereits durch meine Recherchen. Es aus dem Mund eines direkt Beteiligten zu hören, war aber noch einmal etwas anderes.

Dann geschah etwas, das mir bis heute unendlich leidtut.

Gazi fragte uns, ob wir mit ihm und seiner Familie essen möchten. Er habe Fisch besorgt. Er beschrieb auch, um welche Art Fisch es sich handelte, doch ich verstand es trotz der Übersetzung leider nicht. Ausgerechnet Fisch, dachte ich. Hin- und hergerissen zwischen unserer Angst, wir könnten uns den Magen verderben, und unserem Bestreben, die Familie nicht vor den Kopf stoßen zu wollen, sahen Martin und ich uns an. Vielleicht war das mit den Giften in den Fischen hier ja nur Panikmache. Dabei war uns bewusst, was es für Gazi bedeutet haben musste, das Essen für uns vorzubereiten – finanziell und auch die Geste an sich.

Am Ende entschieden Martin und ich uns für unsere Gesundheit und versuchten Gazi das so gut es ging zu erklären. Wie enttäuscht er war, wollte oder konnte er nicht zeigen. Er sagte nur: »O. k.«

Ich hoffte, dass er uns die Beweggründe glaubte. Wir wollten seine Gastfreundschaft nicht mit Füßen treten, sondern vielmehr unsere Dankbarkeit ausdrücken. Wir wollten außerdem, dass er und seine Familie uns auf Augenhöhe begegneten. Mir war bewusst, dass das aufgrund der Geldthematik schwierig für Gazi sein musste. Martin und ich wollten ihm aber so gut es ging vermitteln, dass auch wir dankbar waren für die Erfahrungen, die wir ohne ihn nie gemacht hätten.

Die Chemie zwischen Gazi und uns schien gut, aber ich hatte immer noch Zweifel, wie sehr er uns vertraute, wie fest das Band zwischen uns war und wie sich die Beziehung entwickeln würde.

Gazi holte anstelle des Mittagessens einige Teller mit Obst und stellte sie auf den Tisch, Bananen, Guaven, Äpfel. Er schien einigermaßen besänftigt, als er uns beherzt zugreifen sah. Die Früchte schmeckten fantastisch. Nie hätte ich gedacht, wie groß der Unterschied sein kann zwischen einer Banane, die eine wochenlange Schiffsreise hinter sich hat, und einer, die erst vor Kurzem gepflückt wurde.

Ich überraschte mich selbst bei dem Gedanken, dass es Gazi hier eigentlich doch recht gut ging. Wir hatten in den Großstädten Menschen gesehen, die ohne Zweifel dem Tod näher waren als dem Leben. Die verkrüppelt am Straßenrand bettelten oder schon zu schwach dazu waren. Aber hier? Solche Früchte, wie er sie uns aufgetischt hatte, einfach von Bäumen pflücken zu können, war ja wohl Reichtum pur! Auch hatte Gazis Familie immer noch ein Dach über dem Kopf.

Mein Blick wanderte nach draußen, zu der üppigen Vegetation. Worin bestand eigentlich die Armut hier?

Verhungern, wie Millionen Menschen in afrikanischen Ländern es aufgrund von Dürre ausgelöster Lebensmittelknappheit taten, musste hier niemand. Dass »Verhungern« aber auch das Sterben durch Krankheiten bedeuten kann, die durch Mangelernährung ausgelöst werden, war mir da noch nicht bewusst.

Auf meinem Schoß saß mittlerweile ein Junge. Ich schätzte ihn auf etwa sieben Jahre. Als wie »arm« nahm er sein Leben wohl wahr?

Ich liebe Kinder, daher war es für mich eine Freude zu sehen, wie natürlich sie hier aufwuchsen. Der Kleine blickte mir die ganze Zeit neugierig ins Gesicht, schmatzte laut und erfreute sich an den Früchten.

»Gehört der auch zur Familie?«, fragte Martin mich.

»Ich habe keinen blassen Schimmer. Ich habe komplett den Überblick verloren, wer hier zu wem gehört«, antwortete ich. Ich hatte gar nicht erst versucht zu erfragen, welches Kind von welchen Eltern war – es waren schlicht zu viele, die vor der Hütte, in der Hütte und drum herum standen.

Es freute mich zu sehen, wie unbekümmert und gesund sie wirkten – jedenfalls auf den ersten Blick. Auf den letzten Kilometern zu Gazi hatte ich eine gewisse Besorgnis gespürt, dass irgendwelche Eltern auf uns zukommen könnten mit der Bitte, ihre Kinder von hier wegzubringen – aber weit gefehlt. Diese hier schienen fröhlich, aktiv, einfach glücklich. Sie planschten im Tümpel vor dem Haus, jauchzten, als Martin ihnen Grimassen schnitt, und strahlten einfach Lebensfreude aus.

Also, was machte die Armut hier aus?

Gazi direkt zu fragen hätte ich als pietätlos empfunden, aber durch die Gespräche erfuhren wir eine Menge über den Mangel, der vielerorts und auch in diesem Haus herrschte.

Offensichtlich war, dass jegliche medizinische Leistung Geld kostete. Wer also, wie Gazis Vater, kein Bargeld besaß, konnte auch nicht zum Arzt gehen. Uns war nicht klar, welche Krankheit er genau hatte. Ich glaube, die Familie wusste es selbst nicht, weil sie es sich nicht leisten konnte, es zu wissen. Der Vater sah abgemagert aus, kraftlos. Aber regelmäßige Arztbesuche waren nun mal nicht drin, ganz zu schweigen von modernen medizinischen Untersuchungen. Krank hieß einfach krank. Eine nähere Beschreibung gab es nicht.

Jegliche Bildung der Kinder hier war ebenfalls von den finanziellen Möglichkeiten der Familie abhängig. In Bangladesch herrscht offiziell Schulpflicht, aber viele Eltern schicken ihre Kinder lieber arbeiten als zur Schule. Oder die Kinder helfen zu Hause. Zum einen denken die meisten Bangladescher gezwungenermaßen eher kurzfristig. Ihnen erscheinen geringe, aber dafür sichere Einnahmen wichtiger als unsichere höhere Einnahmen in der Zukunft. Zum anderen kostet Lernen Geld. Selbst staatliche Schulen verlangen Bares, wie etwa Einschreibe- und monatliche Schulgebühren. Es entstehen Kosten für Schuluniformen, Zwischen- und Endexamen müssen bezahlt werden und einiges mehr. Eine staatliche Kontrolle, die die Schulpflicht überwacht, gibt es nicht. Öffentliche Schulen bieten zudem nicht genügend Plätze für alle Kinder, sodass Privatschulen immer häufiger werden, die noch teurer sind.

Während ich Gazi vorsichtige Fragen stellte, vergegenwärtigte ich mir seine häusliche Umgebung und die Kosten, die für die Instandhaltung der Hütte und vor allem für Nahrung anfielen. Nur von Früchten zu leben machte auf Dauer niemanden satt. Zumal es sich nicht so verhielt, wie wir vermutet hatten – dass jeder einfach überall so viel pflücken konnte, wie er wollte. Die meisten Obstbäume und Stauden standen auf Privatgelände, da konnte man natürlich nicht einfach hingehen und sich bedienen.

Hinzu kamen Kleidung und Fahrtkosten und vieles mehr. Gazi konnte sich schon seit Langem keine Dinge mehr leisten, die weit vor »vieles mehr« rangierten.

Als ich mich also fragte, ob es sich lohnen würde, einer Familie finanziell unter die Arme zu greifen, die nicht kurz vor dem Hungertod stand, war für mich schnell klar: Natürlich war es sinnvoll, diesen Menschen zu helfen.

11

Drei Zimmer, keine Küche, kein Bad

Die Briefe, die Gazi von uns empfangen hatte, erfüllten ihn nicht nur mit Freude, so erzählte er – er hielt sie für ein kleines Wunder. Er holte sie aus den hinteren Räumen. Mehrere Monate nachdem er die Nachricht in das Hemd gesteckt hatte, sei ein Freund zu ihm gekommen und habe ihm erzählt, dass Post für ihn gekommen sei. Sie lag in einer Art Mini-Kiosk im Nachbarort bereit. Es war der erste Brief, den wir Gazi geschrieben hatten.

Außer der Tatsache, dass wir uns überhaupt meldeten, überraschte ihn am meisten, welche Fragen wir in unserem Schreiben stellten. Für ihn war sonnenklar, dass man doch direkt verstehen müsste, was es heißt, wenn man hier in Schwierigkeiten ist.

Gazi erzählte uns über seine Familie, die Eltern, die vier Brüder und fünf Schwestern. Die waren bereits alle verheiratet, obwohl jede von ihnen jünger war als Gazi. Und der hatte gerade einmal achtundzwanzig Jahre auf dem Buckel, wie wir erfuhren.

Sein Vater war, genauso wie Gazi, in diesem Haus geboren worden. Er hatte nie woanders gelebt. Seit hundertfünfzig Jahren, so erzählte er, wohnte die Familie an diesem

Ort. Die Hütte musste im Schnitt einmal pro Jahr renoviert werden, weil Stürme und Regen den Materialien zu schaffen machten.

Nur einer seiner Brüder hatte zur Zeit unseres Besuchs eine Arbeitsstelle. Er verdiente umgerechnet rund fünfundzwanzig Euro pro Monat und versuchte, so gut es ging, die Familie mit seinem Geld am Leben zu halten. Wie man das schaffen soll, war mir ein Rätsel, auch wenn mir klar war, dass Lebensmittel im Vergleich zu unseren Verhältnissen unglaublich günstig waren.

Ich fragte, woher sie denn Unterstützung bekämen, wenn es am Monatsende nicht reichte oder außergewöhnliche Kosten anfielen. Gazi und der Rest der Familie guckten erstaunt. Für sie war völlig klar, dass erst mal die nächsten Verwandten, dann Nachbarn und auch Freunde aushalfen. Der Staat unterstützte hier niemanden.

Ich überlegte, ob ich versuchen sollte zu erklären, was in Deutschland passiert, wenn jemand arbeitslos wird oder arm ist. Ich dachte an Begriffe wie Arbeitslosengeld I und II, sozial geförderten Wohnraum, Bedarfsgemeinschaften, Elterngeld, Mutterschaftsgeld, Kindergeld, Privatinsolvenz. Ich vermied es dann doch, diese Dinge zu erklären, das führte sicherlich zu weit.

Martin wollte unbedingt wissen, ob es ein Zufall war, dass Gazi die Nachricht in einem XXL-Hemd verborgen hatte: »Warum haben Sie die Nachricht ausgerechnet in dieses Riesenhemd gesteckt?« Er sah Gazi herausfordernd an. Der zögerte einen Moment.

»Mir war klar, dass die Lieferung für Kunden in Deutschland bestimmt war. Und das ist eines der reichsten Länder der Welt.« Dann lachte er plötzlich. »Ist doch klar«, prustete es aus ihm heraus. »Ein so großes Hemd kann doch nur von einem reichen Mann gekauft werden.« Martin fiel in sein Lachen mit ein. Das Eis war endgültig gebrochen.

Mittlerweile standen mindestens zwei Dutzend Leute, Familie, Nachbarn, Freunde von Gazi in dem kleinen Raum um uns herum. Die Luft erinnerte stark an eine Biosauna. Die Leute beobachteten uns und hörten zu. »Da kommen noch zwei Frauen«, sagte Martin ungläubig zu mir. So viele Leute auf engem Raum sind für die Einheimischen anscheinend nichts Besonderes. Ich spürte allerdings den dringenden Wunsch, an die vergleichsweise frische, nur etwa vierzig Grad heiße Luft zu gehen.

Wir baten Gazi, mit uns nach draußen zu kommen, damit wir ein paar Minuten nur mit ihm verbringen konnten. Die Menschen um uns herum wirkten freundlich, jedoch konnten wir mit diesem Publikum um uns herum kaum ein persönliches Wort mit unserem Gastgeber wechseln. Und genau das taten wir nun draußen, einige Meter von all den anderen entfernt. Es ging gar nicht mal um wichtige, intime Dinge, eher Belanglosigkeiten, wie das Wetter, die Pflanzen. Dennoch: Einfach mit ihm zu sprechen, ohne dass wir uns wie auf der Bühne eines Theaters fühlten, tat gut.

Danach lud uns Gazi zu einer Hausführung ein. Natürlich mit dem ganzen Gefolge im Schlepptau.

Den Raum, in dem wir gesessen hatten, nannte er schlicht: »Room one.«

Wir gingen durch den Türrahmen in den nächsten Raum. »Room two.« Darin stand ein Bett, mehr nicht. Es maß etwa eins fünfzig mal eins achtzig. Der Vater schlief hier, erzählte Gazi. Meine Anmerkung, das Bett sei ja recht groß für eine Person, sorgte für Heiterkeit bei der Familie. Denn natürlich schliefen hier meistens noch mehr Menschen. Gazi, einige seiner Brüder, Neffen, wer auch immer gerade da war. Auch Gazi amüsierte sich. Wie konnte man nur auf den Gedanken kommen, dass in einem Bett nur eine Person schlief?

Eine bunte, anscheinend selbst genähte Tagesdecke lag ordentlich über der Matratze, darauf einige Kissen. Aber so richtig klar war mir nicht, wie man hier mit mehr als zwei, höchstens drei Personen schlafen sollte, auch wenn alle sehr schmal waren.

Von der Zimmerdecke hingen, an den Dachbalken mit Seilen festgebunden, einige durchsichtige Plastiksäcke. Darin befand sich dicke Bettwäsche für den Winter. Eine Heizmöglichkeit, etwa einen Ofen, gab es nicht. Ich erfuhr, dass der Winter hier mit Tiefsttemperaturen von dreizehn, vierzehn Grad daherkam.

Ich sah mich nach Schränken oder Regalen um. Ein Holzschrank mittlerer Größe stand im nächsten Raum, »Room three«. Dieses Schlafzimmer sah eigentlich genauso aus wie Room two. Hier schliefen Gazis Mutter, eine Schwester, die zurzeit wieder zu Hause wohnte, und andere weibliche Mitglieder der Familie, Cousinen, Nichten. In den Schrank habe ich nicht geschaut. Darin lag wahrscheinlich die Kleidung.

Ein mittelgroßer Schrank, für die ganze Familie. Als ich

daran dachte, wie viel Stauraum wir zu Hause für uns sechs brauchten, wurde mir ganz anders.

Unter dem Dach gab es noch eine Zwischenetage, wie eine Schlafkoje in einem Campervan. Von dort grinsten uns liegend drei Mädchen zu. Wer wann genau in welchem Bett schlief, habe ich bis zum Ende unseres Besuches nicht verstanden.

Durch die Ritze in den Wänden aus dünnen Holzbrettern schien die Sonne. Lampen gab es auch hier in den Schlafräumen keine. Wenn es dunkel wird, wird es halt dunkel, erfuhren wir. Ich fragte mich, was passierte, wenn der Monsun mit seinen extremen Stürmen kam. Das Dach schien durch das komprimierte Schilf einigermaßen dicht, aber die Seitenwände hatten mehr Löcher als ein Fischnetz. Wieder wunderte ich mich über Gazis völlig unaufgeregte Antwort:

»Wenn es regnet, wird es hier drin nass, ja klar.«

Mehr Zimmer gab es nicht. Die Räume wirkten insgesamt so spartanisch wie in einem buddhistischen Kloster. Sauber, aber ohne Einrichtungsgegenstände, die über reine Zweckmäßigkeit hinausgingen, wie Bilder, Vasen oder Wandschmuck.

Allerdings standen auf einem kleinen Holzbrett einige Bücher. Ich fragte Gazi, ob sie ihm gehörten und er folglich gern lesen würde. Er schüttelte völlig desinteressiert den Kopf. Sie gehörten einem Neffen. Bei näherer Betrachtung der Buchrücken musste ich schmunzeln: nicht gerade Weltliteratur, die dort stand, sondern eher Schmonzetten, die aussahen wie zu Papier gebrachte Bollywoodfilme.

Mehr gab es in Gazis Heim nicht zu besichtigen. Ich brauche zu Hause auch keinen großen Luxus, aber der Eindruck, den wir von diesem Heim gewonnen hatten, war für uns eine völlig neue Erfahrung. Man konnte hier überleben, aber in unserem Sinn gemütlich war hier gar nichts.

Wir gingen hinten hinaus, in eine Art Garten. Eine Fläche, die vergleichbar war mit unserem eigenen Garten in Wesseling. Das Gras wuchs bis etwa Kniehöhe. Die Halme waren auffällig kräftig und breit. Am Rand ragten einige kleinere Bäume auf. Ich hätte nicht sagen können, welcher Art sie waren. An einem Zaun stand, mit einem Seil angebunden, eine magere Kuh.

»Milk«, rief Gazi lachend. Aus dem klapprigen Vieh noch Milch zu zapfen war sicher nicht einfach. Die Kuh war so hager, dass man meinen könnte, sie wäre krank. Dabei erfreute sie sich bester Gesundheit, versicherte uns der Hausführer. Sie gab noch genügend Milch. Gazi schlug ihr ein paar Mal gegen den Bauch. Von den Geräuschen angelockt, kamen etwa zehn Gänse hinter einer Holzwand angewatschelt. Auch sie schienen hier gut behandelt zu werden. Sie waren auf jeden Fall sehr zutraulich, wirkten fast wie Haustiere. Sie gehörten einem Nachbarn, erzählte Gazis Vater.

In einer Art Anbau, der zu einer Seite offen war, zeigte uns Gazi die Kochstelle. Einige Schüsseln, Töpfe und große Löffel standen in einem Regal oder hingen von der Decke. Auch die meisten Lebensmittel, wie Reis und Gemüse, wurden hier aufbewahrt.

Wie die Kochstelle funktionierte, war auf den ersten Blick nicht zu verstehen. Das Holz für die zwei Heizplatten, die fast auf Bodenhöhe angebracht waren, musste direkt unter die Töpfe gelegt werden.

»Kann man damit wohl auf irgendeine Weise die Temperatur regeln?«, fragte ich Martin. Der zuckte ebenso ahnungslos mit den Schultern. Die Kochutensilien waren mindestens fünfzehn Jahre alt. Ein Becken zum Spülen entdeckten wir nicht.

Die Kochstelle erinnerte mich an ein Freilichtmuseum bei uns in der Eifel. Es sah aus, wie man sich das Leben vor hundertfünfzig Jahren vorstellt.

Wir waren jetzt seit etwa anderthalb Stunden bei Gazi, aber es fühlte sich an, als wären wir erst einige Minuten dort. Ständig gab es Neues zu entdecken. Etwas, worüber wir uns wunderten. Etwas, das wir einfach nicht kannten. Die Zeit verflog, genauso wie meine Gedanken. Wie kann man so leben? In der anderen Sekunde: Warum eigentlich nicht? Warum wirken die hier alle so entspannt, so sehr bei sich selbst? Die Kinder zappelten nicht herum wie die vielen, die ich aus den Klassen meiner Kinder kannte.

Die Erwachsenen strahlten Gelassenheit aus, ließen sich scheinbar durch nichts aus der Ruhe bringen. Vor allem Gazis Vater imponierte mir mit seiner sympathischen Art. Er hatte nichts Mitleiderregendes an sich, im Gegenteil. Ihn umgab eine Aura von Selbstsicherheit, aber dennoch wirkte er zurückgenommen, spielte sich nie in den Vordergrund.

Er stand mittlerweile mit freiem Oberkörper bei uns. Ein Mann von geschätzt siebzig Jahren. Der Anblick war alles andere als peinlich, sondern anmutig, ein bisschen sah er aus wie Gandalf aus »Der Herr der Ringe«. Vielleicht war er aber auch erst fünfzig, wer konnte das schon sagen? Gazi war sein erstes Kind. Und der war zum Zeitpunkt unseres Besuches ja nicht einmal dreißig.

»Gandalf« war sehr stolz auf das Haus. Er sprach wie ein Großgrundbesitzer von der langen Geschichte seiner Vorfahren, nicht arrogant, sondern eher selbstbewusst. Dabei war sein Besitz nicht mehr als eine Wellblechhütte mit Wiese. Er bemängelte nur, dass seine Familie es sich nie leisten konnte, Land zum Anbau von eigenen Lebensmitteln zu erwerben. Das, so erfuhren wir, war in seinem Universum der Inbegriff von Reichtum.

Ich hätte gerne viel mehr über diesen Mann erfahren. Wie er aufgewachsen war oder wie er uns sah. Ob er stolz auf seine Kinder war, was ihm Sorgen bereitete. Wir erfuhren aber nicht einmal seinen Vornamen. Trotzdem sollte die Begegnung mit ihm, war sie auch noch so kurz, einen tiefen Eindruck bei mir hinterlassen. Er wirkte auf uns nicht sterbenskrank, umso mehr waren wir nur zwei Jahre später schockiert, als wir von Gazi erfuhren, dass er verstorben war. Gazis Vater, da bin ich mir sicher, hatte seinen Kindern die richtigen Werte vermittelt.

Dann wollte Gazi uns zu Raija führen, zum Haus ihrer Eltern. Und so verabschiedeten wir uns von seinem Vater und dessen Frau.

Die meiste Zeit hatte ich direkt mit Gazi geredet, oder das Kamerateam übersetzte. Der Vater und alle anderen hatten interessiert um uns herum gestanden. Im Nachhinein ärgerte ich mich, wie wenig wir nicht nur über den Vater, sondern über die gesamte Lebensweise erfuhren. Natürlich sogen wir so viel auf wie nur möglich. Am Ende ergaben sich aber doch nur mehr Fragen, als wir Antworten bekamen. Angefangen bei den ganz praktischen Dingen: Wo wuschen die Frauen die Wäsche? Wo spülten sie? Gab es hier so etwas wie Spülmittel? Wo kaufen sie eigentlich ein? Wie kamen die Kinder zur Schule? Wie sah es mit Kriminalität aus? Warum gab es nirgends Türschlösser, wo wir doch in den Städten gesehen hatten, dass die Menschen sogar in ihren Autos schliefen, um Diebstähle zu vermeiden?

Noch viel mehr interessierte mich das Zwischenmenschliche. Wer war Gazis bester Freund? Was bewegte ihn, abgesehen von den Dingen, die das Überleben sicherten. Hatte er irgendwelche Hobbys? Und hatte er schon einmal einen Tiger gesehen?

Wir hätten unseren Rückflug verschieben müssen, um länger bleiben zu können, aber das wäre teuer geworden. Außerdem wollten wir unsere Kinder nicht noch länger alleine lassen. Und so lief uns die Zeit einfach davon. Ich ärgerte mich maßlos, dass wir nur diesen einen Tag mit Gazis Familie geplant hatten. Aber das war jetzt nicht mehr zu ändern.

Es war zum Heulen. Wir waren um die halbe Welt geflogen, um Antworten zu erhalten, und kamen zurück mit einem Koffer voller Fragen.

12

Raija

Gazi ging vor mir. Er trug die Blumen, die wir mitgebracht hatten. Er meinte, Raija würde sich bestimmt über den Strauß freuen.

Wir hatten uns am Nachmittag auf den Weg zu Gazis Frau gemacht. Sie wohnte nur einige Kilometer entfernt.

Es ging über Baumstämme, die gefällt auf dem Boden lagen, an Tümpeln und Orangenbäumen vorbei. Der Boden war matschig. Wenn man von den Baumstämmen abrutschte, versank man bis zu den Knöcheln im Morast. Warum ich gerade an diesem Tag weiße Turnschuhe angezogen hatte, weiß ich nicht mehr. Klug war es jedenfalls nicht. Weiß waren sie das letzte Mal gewesen, als ich sie morgens angezogen hatte.

Hier und da stand eine Hütte im Dickicht neben dem Weg. Wenn uns die Menschen, die darin lebten, entdeckten, musterten uns ihre neugierigen Blicke, bis wir aus ihrem Sichtfeld verschwunden waren. Einige kamen heraus und folgten unserem Tross ungefragt. Mittlerweile liefen uns rund fünfundzwanzig Erwachsene und Kinder hinterher. Sie wollten sicher erfahren, warum wir hier waren, wohin wir gingen und sahen in uns augenscheinlich eine willkommene Abwechslung.

Die Kinder hatten entweder freie Oberkörper oder sie hatten bunte T-Shirts übergestreift. Ein Junge, ich schätzte ihn auf etwa fünf Jahre, trug ein kurzärmliges rot-weiß kariertes Hemd, dazu eine kurze blaue Sporthose. Mit seinen ausgetretenen weißen Badelatschen balancierte er traumwandlerisch sicher über die Baumstämme. Ich dagegen ging wie auf rohen Eiern. Er lachte mich an und konnte nicht verstehen, warum ich so vorsichtig watschelte. Ich sah für ihn bestimmt aus wie eine Ente, immer einen Schritt schräg vor den anderen setzend. Dazu hielt ich mich ständig an Ästen fest, um keinen Ausfallschritt zur Seite machen zu müssen. Ich lächelte zurück, versuche etwas graziler zu laufen. Es gelang mir nur bedingt. Zu meiner Erleichterung sah ich, dass es Martin nicht anders erging.

Nach einem Fußmarsch von etwa einer halben Stunde kamen wir an der Hütte an. Die Behausung sah etwas anders aus als die von Gazi. Das Schilfdach reichte an den Seiten fast bis zum Boden. Dafür waren Außenwände im Grunde gar nicht vorhanden. Die Hütte hatte zwar auch Eckpfeiler aus Holz, diese trugen aber nur das Dach. Der größte Teil der Fläche zwischen den Pfeilern war frei, wie bei einem Unterstand. Lediglich einige Quadratmeter waren mit Holz ausgekleidet, vermutlich der Schlafraum. Eine Eingangstür gab es nicht.

Raija empfing uns vor der Hütte in einem rot-goldenen Sari. Ihre langen schwarzen Haare waren noch feucht vom Waschen. Ihr Gesicht war fülliger als das von Gazi. Ihr Teint erschien uns heller als seiner, die Haut weniger wettergegerbt, dafür etwas fleckig. Das Auffälligste aber war Raijas Bauch.

Er wölbte sich unter ihrem Sari in so starkem Maße, dass keine Zweifel möglich waren: Sie war tatsächlich hochschwanger.

Raija begrüßte zunächst Gazi, ohne dass sie sich berührten. Martin und ich streckten ihr nacheinander die Hände zur Begrüßung entgegen. Sie führte ihren rechten Arm vorsichtig nach vorn, die Hand hing dabei schlaff nach unten. Ihre gesamte Körpersprache verriet Unsicherheit. Wörtlich genommen war ihr Händedruck gar keiner. Sie umschloss meine Hand nicht, sondern hielt mir die ihre lediglich kraftlos hin. Mir kam der Verdacht, dies könnte das erste Mal in ihrem Leben sein, dass sie jemandem zur Begrüßung die Hand gab. Hier machte das außer einigen Ausländern in den Großstädten ja niemand. Gesehen hatte sie diese uns so selbstverständliche Begrüßungsgeste sicherlich schon einmal, vielleicht in einer Zeitung. Wir lächelten uns an, aber ihre Gesichtszüge sprachen Bände über ihre Gemütsverfassung.

Obwohl sie uns in ihrer gewohnten Umgebung traf, wirkte sie eingeschüchtert. Es war offenkundig, dass sie nicht wusste, wie sie sich uns gegenüber verhalten sollte. »Wahrscheinlich hat sie noch nie jemanden getroffen, der nicht aus Bangladesch kommt«, sagte Martin. Ob sie überhaupt schon einmal eine Reise unternommen hatte, die weiter reichte als bis Khulna, der einzigen Großstadt der Region, bezweifelte ich.

Ich sah zu Gazi. Was hatte er ihr wohl erzählt, worum es bei diesem Besuch ging? Wusste sie alles über die Briefe, die Nachricht? Wie stellte sich diese Frau das Leben im fernen Deutschland vor? Gazi hatte durch seine Arbeit einige Berührungspunkte mit Ausländern gehabt – aber sie?

Raija überlegte bei jeder Geste, wie sie sich verhalten sollte, bei jedem Blick und jedem Wort. Immerhin lächelte sie. Trotzdem tat mir Gazis Frau in diesem Moment leid. Ihr war die Situation allem Anschein nach unangenehm. Es machte auf mich den Eindruck, als ob sie sich dafür schämte, dass sie uns in dieser einfachen Umgebung empfangen musste. Dabei waren wir völlig hingerissen von der Natürlichkeit, der Schlichtheit ihres Zuhauses.

Nachdem wir zwei, drei Mal »Hello« gesagt hatten, platzte ich auf Englisch mit der wenig sinnvollen Frage heraus: »Sind Sie schwanger?«

Sie lächelte noch unsicherer, hatte offensichtlich kein Wort verstanden. Also sah ich Gazi an, er übersetzte, und Raija strahlte plötzlich über beide Wangen, nickte leicht und blickte auf ihren Bauch, während sie ihn mit beiden Händen umschloss.

Warum Raija und er zurzeit nicht zusammenlebten, erklärte uns Gazi erst jetzt. In ihrem Land war es üblich, dass schwangere Frauen für die Zeit bis zur Entbindung wieder zu ihren Eltern zögen, weil ihre eigenen Mütter ihnen während der Schwangerschaft besser helfen konnten als die Ehemänner.

Wir setzten uns auf Plastikstühle vor ihr Haus, nur zwei Schritte vom Dach entfernt. In die andere Richtung war es nur etwa ein Meter bis zum Ufer eines langen Teichs mit Seerosen. Diese kleinen Gewässer gab es alle naselang. Ich fragte mich, ob der hier, wenn es das nächste Mal ordentlich regnete, das Haus überschwemmen könnte, verwarf die Frage aber wieder. Die Einheimischen wussten sicher am besten, wo Gefahren lauerten.

Abir übersetzte unser Gespräch. Die Geburt ihres ersten Kindes würde kurz bevorstehen, erfuhren wir.

Gazi erzählte jetzt, er habe uns nichts davon in den Briefen geschrieben, weil er dachte, uns würde das vielleicht gar nicht interessieren. Doch wie hatte er annehmen können, uns würde die Schwangerschaft egal sein? Einmal abgesehen von dem persönlichen Einschnitt in das Leben der Familie: Es war doch klar, dass ein Kind seine finanzielle Situation weiter verschlechtern würde. Warum hatte er uns dann nicht allein aus der Hoffnung heraus davon erzählt, unsere Herzen zu erweichen? In den Briefen zuvor und auch im späteren Verlauf unserer Bekanntschaft erwähnte er durchaus persönliche Dinge, die seine missliche Lage verdeutlichten, wie die Krankheit des Vaters. Vielleicht hatte er uns nicht vorher davon geschrieben, weil er befürchtete, wir könnten ihn schräg angucken, nach dem Motto: »In so einer Lage auch noch ein Kind in die Welt setzen?«

Raija sprach nicht viel. Das, was sie erzählte, äußerte sie mit einer zarten, leisen Stimme. Die hochschwangere Frau schien die Niederkunft herbeizusehnen. Ihr Bauch machte ihr sichtlich zu schaffen. Sie war zu dem Zeitpunkt zwanzig Jahre alt und studierte Computerwissenschaften. Im Moment pausierte sie. Nur noch anderthalb Jahre, erzählte Gazis Frau, dann hätte sie ihren Abschluss – wenn sie ihn finanzieren könnte. Denn Prüfungen abzulegen kostete an ihrer Universität Geld.

Was ihr Alter anging, wusste ich nicht, wie sicher sich Raija selbst war. Geburtsurkunden in unserem Sinn sind in Raijas Welt unüblich. Zeiteinheiten wie Tage, Monate, Jahre wird dort kein so hoher Stellenwert beigemessen wie bei uns.

Viele Menschen, vor allem auf dem Land, haben daher als Geburtsdatum den ersten Januar in ihren Ausweisen angegeben. Denn in dem Moment, wenn sie das erste Mal nach ihrem Geburtsdatum gefragt werden, etwa in der Schule oder wenn sie eine Arbeit beginnen, können viele nur vage Angaben machen.

»Fächel ihr doch mal ein bisschen Luft zu«, bat Martin mich, da ich neben ihr saß. Er reichte mir einen Fächer. Raija wehrte sich nicht gegen etwas Abkühlung.

Ich sah, dass sie ihre Finger und Handflächen mit Henna aufwendig verziert hatte. Einige der geschwungenen Linien erinnerten an Äste, andere an Kirschblüten. Die Paste, die dazu auf die Haut aufgetragen werden musste, so erzählte sie, gewann sie aus Pflanzen, die in der Nähe wuchsen.

Sich die Hände oder auch die Füße damit zu verzieren, ist eine alte Tradition in Indien und Bangladesch. Die Frauen tun dies häufig bei feierlichen Anlässen wie Hochzeiten oder großen Dorffesten. Die Farbe auf Raijas Händen sah frisch aus. Wahrscheinlich hatte sie diese Form des Körperschmucks uns zu Ehren angelegt.

Ob es ein Mädchen oder Junge würde, fragte Dirk. Sie sah ihn an, als hätte er eine völlig absurde Frage gestellt, nach dem Motto: Wie kann man so etwas denn in Gottes Namen vor der Geburt wissen? Er guckte etwas ertappt aus der Wäsche, denn eigentlich hätte uns ja klar sein müssen, dass Vorsorgeuntersuchungen, wie sie bei uns selbstverständlich sind, wie Ultraschall, Blut- oder Fruchtwassertests, bei der Landbevölkerung nicht durchgeführt wurden. Die meisten waren weit davon entfernt, sich derartige medizinische Untersuchungen leisten zu können. Was für Frauen in Deutschland unfassbar klingt, ist dort die Regel: Seit dem Beginn der Schwangerschaft war Raija nicht ein einziges Mal bei einem Arzt gewesen.

Ich hatte etwa zwanzig Jahre vor unserer Reise nach Bangladesch eine Ausbildung in einer gynäkologischen Praxis in meiner Heimatstadt gemacht. Die Vorstellung, sich nur auf sein eigenes Bauchgefühl während der Schwangerschaft verlassen zu müssen, flößte mir großen Respekt ein.

Der erste Mediziner, den Raija aufgrund ihrer Schwangerschaft besuchen würde, würde der entbindende Arzt sein – wenn sie ihr Kind überhaupt in einem Krankenhaus zur Welt bringen würde und nicht hier zu Hause. Denn das wäre durchaus üblich.

Das Gespräch entwickelte sich gut, Raija wurde langsam selbstsicherer. Die Kinder um uns herum fingen an, sich mit anderen Dingen zu beschäftigen, statt uns die ganze Zeit zu beobachten.

Als das Gespräch sich gerade um unsere Kinder in Deutschland drehte, nahm Raija plötzlich, als wäre es das Normalste der Welt, meine Hand und hielt sie fest. Mein Herz schlug schneller, ich merkte, wie nervös mich das machte. Dabei wusste ich doch schon seit dem Tag unserer Ankunft in Dhaka, dass gleichgeschlechtliche Menschen, wenn sie befreundet sind, Händchen halten. Nur ist es natürlich etwas völlig anderes, das bei irgendwelchen Leuten zu sehen, als es selbst zu tun. Ich hatte noch nie mit Freundinnen Händchen gehalten.

Nach ein paar Augenblicken wich die Unsicherheit in mir und machte Platz für ein Gefühl positiver Bestätigung und Stolz. Denn eines war eindeutig: Raija mochte mich, das Händchenhalten war ohne Zweifel eine Form von Zuneigung. Martin lächelte mich unauffällig an. Rückblickend betrachtet, war dies für mich eine der emotionalsten Situationen auf der gesamten Reise. Nur eine winzige Geste, aber sie treibt mir noch heute Tränen der Rührung in die Augen, wenn ich daran denke.

Etwas später wurde für uns aufgetischt. Raija bat uns ins Haus. Ich sah, wie jemand einige Teller mit Teigtaschen auf einen Tisch stellte. Kein Fisch, zum Glück.

Gazi und Raija setzten sich zu uns und bedeuteten uns mit Gesten, dass wir essen sollten. Wir griffen mit den Fingern zu und bissen beherzt in die Teigtaschen. Sie waren gefüllt mit Reis und Gemüse. Die Würzung erinnerte uns an typisch indisches Essen, das wir aus Köln kannten. Nur schmeckte es hier deutlich frischer, natürlicher. Die Atmosphäre um uns herum unterstützte diesen Eindruck nachdrücklich. Dazu wurde Kokosnusswasser gereicht.

Gazis Mundwinkel wanderten mit jedem Happen, den wir uns in den Mund steckten, ein kleines Stück nach oben. Er freute sich, wie sehr es uns schmeckte.

Eine Hausführung wie bei Gazi bekamen wir hier nicht geboten. Soweit wir es sehen konnten, unterschied sich das Zuhause von Raijas Eltern nicht besonders von Gazis. Anders als dort hingen hier aber bunte Gewänder unter dem Dach. Ein rosafarbenes Ende eines Tuchs lag Martin beim Essen die ganze Zeit auf dem Nacken. Er traute sich nicht, etwas zu sagen, was mich köstlich amüsierte.

Wir erfuhren, dass Raija das Essen mithilfe ihrer Mutter

zubereitet hatte. Diese stand, ebenfalls mit einem feierlichen roten Sari bekleidet, während der kompletten Dauer unseres Besuchs im Hintergrund und beobachtete alles. Genau wie Gazis Mutter sprach auch sie kein Wort mit uns.

Nachdem alles aufgegessen war, standen wir auf und traten hinaus, vor das Dach. Martin machte Fotos von den Kindern, was ewig dauerte, weil die sich nach jedem Bild das Ergebnis auf dem Display mit bewundernswerter Ausdauer ansehen wollten. Sie quietschten vor Glück.

Über den Teich vor der Hütte führte eine Brücke aus Bambusstangen. Ich hätte mich nicht daraufgetraut, denn der Stamm, über den man gehen musste, war nur einige Zentimeter breit. Die Kinder liefen wie Ameisen darauf hin und her und winkten Martin zu. Die Brücke wackelte bedenklich, aber sie hielt. Der Junge mit dem Karohemd sprang von der Brücke jauchzend ins Wasser – und zwar mitsamt seiner Kleidung.

Alle lachten. Die natürliche Fröhlichkeit dieser Kinder, die völlig frei waren von den vielen Aufmerksamkeitsmagneten der jungen Menschen bei uns zu Hause, wie Smartphones, Computern oder Schritte zählenden Smartwatches, machte mich fast schwermütig vor Wohlwollen.

Ich verteufele technische Neuerungen in keiner Weise. Dennoch sehnen sich viele Menschen in meinem Bekanntenkreis zuweilen nach einem Leben, das ursprünglicher ist, freier. Diese Art von Leben lernten wir nun kennen, in Reinform. Die meisten unserer Freunde hätten sicherlich nicht mit den Menschen hier tauschen wollen. Dennoch hilft es zuweilen, sich Positives von anderen abzuschauen, dachte ich.

Das Idyll rund um diese Kinder, spielend, lachend, in vollkommener Natur, war fast wie ein real gewordenes Gemälde, dessen Magie schwer zu beschreiben ist. Für mich waren diese Momente die friedlichsten, die ich seit Langem erlebt hatte, fast wie in einer Traumwelt.

Ich setzte mich mit Raija an das Ufer des Gewässers. Ihr war warm. Hochschwanger hätte ich bei diesen klimatischen Bedingungen ehrlich gesagt nicht sein wollen.

Raija legte eine Hand auf ihren Bauch. Sie fühlte intensiv, wie es ihrem Kind ging, und schien zufrieden mit den Signalen, die sie erhielt. Auf der einen Seite beneidete ich die junge Frau darum, dass sie sich ausschließlich auf ihr eigenes Empfinden verließ, ohne jegliche Messwerte. Aber mir selbst hätte es Angst bereitet.

Wir versuchten so gut es ging zu kommunizieren, mit Händen, Füßen, manchmal übersetzte Gazi, manchmal jemand aus dem Kamerateam. Ich merkte, dass Raija uns mochte, und wir mochten sie. Und auch wenn Mimik, Gesten, unser und ihr Verhalten sehr unterschiedlich waren, so entstand in diesen wenigen Stunden eine Nähe, die ich nicht erwartet hätte.

Vielleicht lag es ja daran, dass wir im Vorfeld nur schriftliche Angaben zu ihren Lebensverhältnissen erhalten hatten. Rein sachlich hatten wir geglaubt zu wissen, wie die Familien hier lebten. Diese Menschen persönlich kennenzulernen, die Verhältnisse mit eigenen Augen zu sehen, gab uns eine Ahnung davon, was es hieß, selbst so zu leben.

Ich möchte nicht arrogant oder abgehoben klingen – selbstverständlich ist es nach einer so kurzen Zeit nicht möglich, sich vollständig in das Lebensgefühl dieser liebenswürdigen Menschen hineinzudenken. Dennoch erlaube ich mir zu behaupten, dass ich heute weitaus besser beurteilen kann, welche Ängste Gazi umtreiben, welche Vorstellungen die Familien dort von der Zukunft haben (meistens keine, die über einige Tage hinausreicht) oder was ihnen Freude bereitet.

Falls wir irgendwann einmal ernsthaft daran gezweifelt hatten, ob die Reise Sinn machte, dann waren diese Zweifel nun wie weggeblasen. Erfüllende Erkenntnisse, Aufregung, neue Horizonte und unzählige Erfahrungen hatte uns die Reise zu Gazi jetzt schon beschert.

Aber vor allem beantwortete sie die wichtigste Frage: nämlich die, ob wir Gazi unterstützen würden. Ja, das wollten wir. Die Eindrücke, die wir von seinem Leben gewonnen hatten, die zusammengeschusterte Wellblechhütte, seine Probleme, die Familie zu ernähren, all das führte zu diesem Entschluss.

Und nicht zuletzt wollten wir vermeiden, dass Raija irgendwann in ihrem Leben Fremde auf der Straße ansprechen musste, ob sie ihr Kind nehmen wollten.

13

Das Finanzielle

Was die neuen Erfahrungen anging, waren wir nicht die einzigen Gewinner der letzten Tage. Raija und Gazi hatten natürlich auch profitiert, von Gelddingen, die wir erst am Ende des Tages besprachen, ganz abgesehen.

Wahrscheinlich ging es Gazis Familie genauso wie uns: Diese fremden Menschen – also in dem Fall uns – kennenzulernen, ihnen von Angesicht zu Angesicht gegenüberzustehen, mit ihnen zu sprechen, sie zu riechen, mit ihnen zu lachen und an falschen Übersetzungen zu verzweifeln, das war etwas völlig anderes, als nur in der Theorie darüber nachzudenken, wie sie wohl sind, die Deutschen.

Wir hofften natürlich, dass wir einen positiven persönlichen Eindruck hinterließen, auch wenn uns bewusst war, dass Gazi im Grunde keine neuen Freunde suchte, sondern Hilfe für seine Familie.

Mittlerweile hatten sich einige Dutzend Menschen vor dem Haus von Raijas Eltern versammelt. »Das ist ja wie auf der Kirmes hier«, meinte Martin. Unser Besuch hatte tatsächlich

Volksfestcharakter. Gazi zeigte uns die unmittelbare Umgebung, die Nachbarhütten, einige exotische Pflanzen, die essbaren und die giftigen.

Die Zeit rannte. Zwei Stunden vor Sonnenuntergang, so hatten wir es abgesprochen, wollten wir wieder aufbrechen.

Bei Dunkelheit lange Strecken zu fahren ist in diesem Land lebensgefährlich. Straßenbeleuchtungen? Die gab es nirgends.

Ich fühlte mich also innerlich trotz der guten Stimmung zunehmend gestresst. Dazu kam, dass Dirk, der ständig an seine Reportage dachte, immer wieder kurze Interviews machen und Bilder drehen wollte, was mir gehörig auf die Nerven ging. Ich wollte einfach Zeit mit den Menschen hier verbringen, mich auf sie einlassen und möglichst intensiv alles in mich aufsaugen. Diese ständigen Fragen und Aufforderungen wie »Schau mal hierhin«, »Geh dahin« und dazu die Interviewfragen empfand ich an diesem speziellen Tag besonders anstrengend.

Irgendwann platzte mir der Kragen. Dirk hatte dem Kameramann gerade aufgetragen, Bilder von mir und Raija am Teich zu drehen, da schnauzte ich ihn plötzlich an, er solle uns endlich mal in Ruhe lassen. Ich nahm Raija bei der Hand und ging mit ihr hinter das Haus. Von meinem Wutausbruch war ich selbst überrascht. Mir zeigte es vor allem, wie aufregend die ganze Situation für mein Innerstes war. Dirk und ich konnten unsere kleine Meinungsverschiedenheit später klären und unser gegenseitiges Verständnis äußern.

Doch wäre es nach mir gegangen, hätte ich am liebsten mehrere Tage hier verbracht, ohne Kamera, nur Martin, Gazis Familie und ich. Ging aber nicht. Und so war mir klar, dass wir in Kürze würden aufbrechen müssen.

Eine Sache galt es noch vor Ort zu klären, und das machten Martin und ich gemeinsam mit Gazi. Wir entfernten uns ein paar Schritte vom Haus, um in Ruhe mit ihm zu sprechen. Es ging um das Finanzielle. Martin und ich waren uns einig, dass wir der Familie helfen wollten.

Wir rechneten so: Der Durchschnittslohn eines Arbeiters in Bangladesch betrug nach unseren Kenntnissen etwa dreißig Euro monatlich. Davon konnte man als dreiköpfige Familie halbwegs menschenwürdig leben, wobei jegliche zusätzlichen Kosten direkt ein Problem würden. Diese Summe hielten wir demnach für einen angemessenen Betrag: Essen, Kleidung, Bildung, Fahrrad reparieren, dreißig Euro.

Bei uns zu Hause bekommen wir dafür wahlweise zwei Flaschen guten Wein, eine knappe halbe Tankfüllung für unser Auto oder etwa einen Monat Pay-TV.

Für Gazis gesamte Familie, also auch die Eltern, Geschwister und weitere Verwandte, würde der Betrag nicht reichen, das wussten wir. Aber übertreiben wollten wir es auch nicht.

»Wir müssen einen Mittelweg finden, indem wir auf der einen Seite Hilfe bieten und trotzdem die Motivation aufrechterhalten, dass Gazi selbst wieder arbeitstätig wird«, hatte Martin es treffend zusammengefasst.

Wir sprachen mit Gazi ab, dass wir ihm Geld per Bar-Überweisung zukommen lassen wollen. Er sollte sich dafür ein Handy kaufen, sodass wir ihm den Code für die monatlichen Transaktionen per SMS mitteilen konnten. Ein funktionsfähiges gebrauchtes Handy kostet dort umgerechnet nur wenige Euro. Die Gebühren fürs Telefonieren und SMS sind sogar für bangladeschische Verhältnisse unfassbar günstig.

So konnten wir sicher sein, dass nur er und Raija Zugang zu dem Geld haben würden und niemand sonst.

Ich hatte mit Martin kurz zuvor noch etwas vereinbart. Mir ging es um die Geburt des Kindes. Ich wusste, dass die Entbindung in einem Krankenhaus Geld kosten würde, was Gazi und Raija nicht besaßen. Aber hier, unter diesen widrigen, alles andere als sterilen Bedingungen ein Kind zur Welt zu bringen wollten wir Raija möglichst ersparen.

Für die Geburt des Babys übergaben wir Gazi also einen Umschlag mit fünfhundert US-Dollar in bar. Umgerechnet waren das damals fast vierhundert Euro. So viel kostete die Entbindung inklusive Nachsorge im Durchschnitt, hatten wir gehört.

Die hohen Kosten sind übrigens der Hauptgrund, warum viele Frauen auf dem Land ihre Kinder zu Hause auf die Welt bringen, nur in Begleitung von Angehörigen.

Es verwundert nicht, dass die Sterblichkeitsrate im Zusammenhang mit Geburten in Bangladesch offiziell rund fünfzehn Mal (!) höher ist als in Deutschland. Dabei ist der Prozentsatz in Wahrheit wahrscheinlich sogar noch katastrophaler, denn diese Relation basiert auf den tatsächlich gemeldeten Zahlen. Die Dunkelziffer von Totgeburten in Bangladesch, und da muss man kein Weltuntergangsprophet sein, ist sicherlich immens.

Gazi hörte gar nicht mehr auf, sich zu bedanken, was uns zunehmend unangenehm war.

Fünfhundert Dollar sind auch für uns eine Menge Geld.

Martin, unseren Hauptverdiener, musste ich aber nicht lange überreden, nachdem wir die Entbindungskosten in Erfahrung gebracht hatten. Er ist niemand, der das Geld zum Fenster hinauswirft, aber zum Glück auch alles andere als geizig. Wir haben meistens die gleiche Meinung darüber, wofür es sich lohnt, das Portemonnaie zu öffnen.

Gemeinsame Erinnerungsfotos mit der Familie waren der letzte »Programmpunkt« an diesem Tag in Gazis Dorf. Zunächst ließen wir Bilder von Raija, Gazi, Martin und mir machen. Dann kamen alle anderen Familienmitglieder, die da waren, mit auf die Fotos. Dann wollten auch all jene, die einfach aus Neugierde dabeistanden, mit vor die Kamera.

Es wurden sehr viele Fotos.

Unsere Zeit mit der Familie ging zu Ende. Dies ließ ich nur widerwillig zu. Ich wollte einfach nicht gehen. Wie sehr mich der Tag, die Reise, die Vorbereitung und all das aufgewühlt hatten, merkte ich, als mich Raija zur Verabschiedung umarmte.

Sie drückte mich innig und lang. Eine Frau, der ich vor wenigen Stunden das erste Mal gegenübergestanden hatte. Mein ganzer Körper fing plötzlich an zu beben, ich drückte sie fester, hielt sie fest – und brach schließlich innerlich zusammen.

Als ich sie endlich losließ, kullerten dicke Tränen über meine Wangen. Ich war völlig aufgelöst. All die Anspannung, die Nervosität um das größte Abenteuer unseres Lebens, das uns seit einem Jahr unentwegt beschäftigte und hier seinen Höhepunkt fand, war gewichen. Die Gefühle hatten mich überkommen, mich selbst überrascht, und nun stand ich da, hilflos wie ein kleines Mädchen, das ihrer ersten Schulliebe nachweint.

Martin nahm mich in den Arm, er verstand mich nur zu gut.

Die Aufregung war fort, sie machte Platz für neue Gefühle: Da war vor allem Erleichterung darüber, wie sehr unser Mut belohnt worden war. Aber auch Trauer, dass diese Begegnung fürs Erste ein Ende hatte.

Wenig später umarmte ich auch Gazi zum Abschied. Zu dem Zeitpunkt war ich überzeugt davon, dass wir schon bald wiederkommen würden.

»Wir sehen uns bald wieder«, sagte ich zu ihm. Er antwortete, wir seien jederzeit willkommen. Wir sollten ihm nur sagen, was wir gerne essen würden. Ich musste schon wieder weinen.

Hätte ich gewusst, dass es fast zwölf Jahre dauern würde, bis wir diesen Ort wieder besuchen würden – ich wäre in dem Moment nicht abgereist. Nie und nimmer. Zu viele Fragen waren noch offen. Zu sehr hatte ich die wenigen Stunden hier genossen. Vor allem hatten Martin und ich das Gefühl, im Begriff zu sein, mit diesen Menschen eine innige Beziehung aufzubauen. Dieses zarte Pflänzchen wollten wir nicht eingehen lassen.

So aber stiegen wir in die fahrende Klapperkiste und winkten, bis uns die Arme wehtaten.

Abends im Bett sprachen Martin und ich fast kein Wort. Die Eindrücke hatten uns überwältigt. Wir hingen beide unseren Gedanken nach und mussten das Geschehene erst einmal im Kopf sortieren. So ereignisreich dieser Tag gewesen war und auch die Tage davor, erlebten wir alles fast wie ferngesteuert, als wenn wir uns selbst die ganze Zeit nur von oben zugeschaut hätten. Erst später, zu Hause in Deutschland, schafften wir es, die Emotionen für uns selbst greifbar zu machen. Jetzt, im Bett des Hotelzimmers, wirkte das Erlebte noch unwirklich.

14

Die Schweizer Botschaft

Am nächsten Tag erreichten wir nachmittags Dhaka. Die Verabschiedung von Abir und seinem Assistenten Fardin war herzlich, aber auch ein Stück weit geschäftsmäßig. Ich hatte das Gefühl, mich emotional völlig verausgabt zu haben. Am nächsten Morgen sollte es für Martin, Dirk und mich wieder nach Hause gehen.

Wir waren auf der einen Seite fix und fertig, aber trotzdem zu aufgewühlt, um im Hotel bleiben zu können. Dirk schlug vor, wir könnten doch versuchen, irgendwo ein Bier aufzutreiben. In dem muslimisch geprägten Land war das natürlich so eine Sache, aber unser Rezeptionist meinte, die deutsche Botschaft wäre nicht weit vom Hotel entfernt, und wir sollten es einmal dort versuchen.

Wir waren einigermaßen erstaunt, dass es in einer Botschaft eine Kneipe geben sollte, aber zum einen waren wir auf dieser Reise an Überraschungen gewöhnt und zum anderen: Was hatten wir zu verlieren? Zwei Fahrradrikschas waren nicht schwer aufzutreiben, und so kamen wir gegen halb neun im Diplomatenviertel an.

Die deutsche Botschaft war, wie zu erwarten, mit einem hohen Zaun von der Außenwelt abgeriegelt. Wir klingelten an einem Eisentor. Ein Sicherheitsmitarbeiter trat vor die Tür. Wir schilderten ihm zunächst auf Deutsch unser Anliegen – er sprach aber nur sehr gebrochen Englisch.

Entweder wollte er uns nicht verstehen, oder er tat es wirklich nicht – jedenfalls ließ er uns nicht hinein, sondern schloss das Tor nach wenigen Minuten wieder hinter sich zu. Na wunderbar, deutsche Botschaftsmitarbeiter, mit denen man sich nicht verständigen konnte. Vielleicht hatte unser Hotelmitarbeiter ja auch einfach nur Unsinn erzählt.

Wir machten uns zu Fuß auf den Weg zurück. Die Gegend erschien uns absolut sicher, und besonders weit war es nicht. Nach wenigen Hundert Metern sahen wir, dass sich in unmittelbarer Nähe der deutschen Botschaft die der Schweiz befand.

»Vielleicht verstehen uns ja die Schweizer«, sagte Martin, zuckte mit den Schultern und klopfte an das von außen etwas verrostete Einlasstor.

Auch hier öffnete uns ein Mann mit Pistole am Halfter. Leider verstand er unseren Wunsch, irgendwo ein kühles Bier zu trinken, genauso wenig wie sein Kollege zuvor. Unser Anliegen blieb jedoch nicht ungehört.

Aus dem Botschaftsgelände kam ein Mann auf uns zu. Er sprach uns an und gab vor, Arzt zu sein und für ein Pharmaunternehmen zu arbeiten. Wir wissen nicht, was er an jenem Abend in der Botschaft zu suchen hatte und was von dem, was er uns erzählte, wirklich stimmte und was er sich vielleicht nur ausgedacht hatte, weil er sich wichtigmachen wollte.

Der Mann hatte wohl Lust auf etwas Gesellschaft, und so erzählte er dem Sicherheitsmann auf Bengali, dass wir Freunde von ihm seien. Sein Ton erschien mir etwas herablassend und rau, aber vielleicht klangen ja alle Ausländer so, die dieser uns so fremden Sprache mächtig waren.

Ich weiß nicht mehr, warum, aber wir erzählten ihm nicht den wahren Grund für unseren Aufenthalt in dem Land. Stattdessen behaupteten wir, wir wären Touristen auf der Durchreise nach Indien.

Wir zeigten dem Sicherheitsmann unsere Reisepässe, und zwei Minuten später saßen wir an einem großen, schicken Tisch mit rot-weiß karierter Tischdecke in dem parkähnlichen Garten der Botschaft. Weitere zwei Minuten später standen vier Gläser mit kühlem Bier vor uns.

Wir hatten vor diesem Besuch keine Vorstellung davon gehabt, wie die Botschaft eines europäischen Landes in Asien aussehen könnte. Die Umgebung wirkte so gestylt und perfekt angelegt, als ob der gesamte Außenbereich einem Werbeprospekt für asiatische Schlossgärten entsprungen wäre.

»Draußen, in der Stadt, das Grauen, hier drinnen das Paradies«, sagte Martin.

Perfekt gepflegte Palmen, Blumen, so reich an Farben, dass sie fast künstlich wirkten … Irgendwo plätscherte ein kleiner Wasserfall in einen Teich, und nur wenige Meter hinter uns wartete ein blau beleuchteter Swimmingpool darauf, dass jemand ins Wasser sprang. Unser Gastgeber wies uns darauf hin, dass der Pool eine Besonderheit hätte.

»Das Wasser im Pool wird extra für uns gekühlt. Meinen Sie, ich springe hier in so eine warme Plörre?« Heiß wäre es ja draußen eh. Er lachte das erste Mal ein ihm ganz eigenes, dreckiges Lachen. Der Mann prahlte ohne Unterbrechung, was mich zunehmend nervte.

»Und Sie haben gar kein Problem damit, hier in diesem Luxus zu schwelgen, während da draußen die Menschen nicht wissen, was sie essen sollen?«, fragte ich ihn. Seine Antwort sprach für sich.

»Man muss sich das Leben hier doch schön machen. Ich lasse mir jeden Tag frischen Salat einfliegen. Genügend Biersorten müssen natürlich auch vorrätig sei. Apropos: Das Bier hier war nicht lange genug im Kühlschrank, oder?!«

Als ein Flugzeug über unsere Köpfe hinwegdonnerte, lachte er und kalauerte: »Das Essen für morgen kommt wie immer pünktlich.«

Ich war gedanklich immer noch in der Hütte von Gazi und seiner Familie, die nicht wussten, wie sie die Arztrechnung für den Vater bezahlen sollten, und jetzt dieses dekadente Gehabe.

Mit jedem Satz dieses Menschen fühlte ich mich unwohler. Martin und Dirk ging es nicht anders, ihr Augenrollen war nicht schwer zu deuten. Dabei war das, was der Mann von sich gegeben hatte, bisher nur unsympathisch. Richtig unerträglich wurde es erst jetzt.

Dirk erwähnte, dass er in der Zeitung von einem landesweiten Ärztestreik gelesen habe, und fragte, ob es stimmte, dass infolgedessen Hunderte Einheimische gestorben seien. Der deutsche Arzt zuckte nur mit den Schultern. Die medizinische Versorgung wäre hier generell nicht so wie in Europa.

»Ist halt so.«

Mich beschäftigte schon seit dem Tag unserer Ankunft die Frage, was der Grund dafür war, dass man auf den Straßen so viele verkrüppelte Menschen sah. Vielleicht lag es ja an den häufigen Verkehrsunfällen oder an der schlechten medizinischen Versorgung. In gewisser Weise hatte ich damit sogar recht, wie sich herausstellen sollte – jedenfalls, wenn man den Worten dieses Widerlings Glauben schenken durfte. Nur hatte ich mir unter medizinischer Versorgung etwas ganz anderes vorgestellt.

Er erklärte, der Konzern, für den er arbeitete, stelle Ärzte zur Verfügung, die Teile der Landbevölkerung hier medizinisch versorgten. Viele Missbildungen hätten die Leute von Geburt an. Das läge an der Mangelernährung, an der fehlenden Pränataldiagnostik, aber auch an den klinischen Medikamententests. Pharmaunternehmen würden diese hier seit vielen Jahren durchführen, da sie billiger seien als anderswo. Er selbst koordinierte solche Versuchsreihen. Die Dorfbewohner bekämen ärztliche Hilfe, dafür würden an ihnen Medikamente getestet, die in Europa noch nicht zugelassen wären.

»So geht das also, so denken die«, ging es mir durch den Kopf. »Erst Tierversuche, als Nächstes Versuche an Bangladeschern, und dann sind die Pillen gut genug für ›richtige‹ Menschen.« Ich war völlig konsterniert.

Martin schürzte die Lippen, eine mir bekannte Mimik, die sich steigern und bei ihm zu einem unkontrollierten Wutausbruch führen kann.

Ich ließ das Stichwort Contergan fallen. Der Arzt tat das mit einer Handbewegung ab. Die Leute hier sollten doch froh sein, dass sich überhaupt Ärzte bei ihnen blicken ließen. Die Tests seien im Übrigen völlig legal und würden mit den Probanden schriftlich vereinbart.

Er war sogar stolz auf seine Arbeit: »Wir helfen den Menschen ja.«

»Die meisten können doch nicht mal lesen«, warf ich ein, denn ich war mir ziemlich sicher, dass vielen Versuchspersonen gar nicht bewusst war, worauf sie sich da einließen.

Anstelle einer Antwort zuckte er nur mit den Schultern. »Selbst wenn das juristisch in Ordnung wäre – haben Sie denn gar keine moralischen Bedenken?«, fragte ich.

Seine Antwort war ebenso eindeutig wie menschenverachtend:

»Hier laufen doch genügend Schwarzköppe rum.«

Martins Lippen bebten jetzt. Ich fasste ihn sanft am Oberarm und sagte: »Wir gehen.« Ich wollte nur noch weg.

Martin ließ auf dem Nachhauseweg einige Schimpftiraden los, die nicht jugendfrei waren und hier besser nicht wörtlich erwähnt werden sollten. Nur so viel: Dass Martin es geschafft hatte, sich bis zum Ende nicht an dem Mann zu vergehen, rechnete ich ihm hoch an.

Bis heute weiß ich nicht, was konkret an den Behauptungen dieses Mannes dran war. Vielleicht wollte er sich nur auf eine besonders perfide Art wichtigmachen.

In einer Reihe von Presseartikeln habe ich später tatsächlich gelesen, dass der Kern seiner Äußerungen stimmte. Mehrere große Pharmaunternehmen führen häufig in Entwicklungsländern wie Indien und Bangladesch Medikamententests durch. Kritiker bemängeln, dass geringere staatliche Kontrollen und Auflagen der Hauptgrund für die Pharmariesen sind, solche Studien in Entwicklungsländern durchzuführen. Und es kommt immer wieder zutage, dass die Probanden gar nichts davon wissen, an irgendwelchen Studien teilzunehmen.

Die Dunkelziffer an Schadensfällen bis hin zum Tod ist laut Experten hoch, da die Verwandten der Opfer deren Leiden gar nicht mit den Medikamenten in Verbindung bringen. Man benötigt schon sehr viel Fantasie, um sich vorstellen zu können, dass ein indischer Reisbauer gegen ein europäisches Pharmaunternehmen vor Gericht zieht.

Die Gesinnung dieses Typen, verstärkt durch die dekadente Atmosphäre in der Botschaft, weckte bei uns schlimmste Befürchtungen ganz anderer Art. Wie wichtig war es den Verantwortlichen der Bekleidungsindustrie, dass hier Arbeitnehmerrechte eingehalten wurden? Wie wichtig war es ihnen, dass die Leute anständig bezahlt wurden? Wie wichtig war ihnen die Arbeitssicherheit, wenn schon Ärzte mit dem Leben der Menschen hier spielten?

Am nächsten Morgen flogen wir heim.

15

Wasserflaschen im Kelleraufgang

Am nächsten Nachmittag landeten wir einigermaßen pünktlich in Düsseldorf. Alle unsere Kinder samt dem Opa warteten hinter der Gepäckausgabe auf uns. Sie riefen in den Zollbereich hinein, als sie uns sahen.

Wir stürmten auf unsere Lieben zu und umarmten die Bande eine Ewigkeit lang. Sie sahen gesund aus, Gott sei Dank. Unsere Kinder hatten alle ein Strahlen im Gesicht. Die Zeit ohne uns schien ihnen nicht geschadet zu haben.

Als wir mit ihnen ins Freie traten, fiel mir auf, wie sauber die Luft schmeckte. Es gibt in Deutschland sicherlich Orte, die bessere Stickstoffmonoxid- und Kohlendioxid-Werte haben als die Umgebung dieses Großflughafens, aber im Gegensatz zu Dhaka war das hier reinste Alpenluft. In dem Moloch war mir irgendwann gar nicht mehr aufgefallen, wie sehr es an vielen Ecken nach Exkrementen und Abgasen roch.

Obwohl wir seit unserer Abreise fast täglich mit den Kindern telefoniert und schon vieles erzählt hatten, fragten sie uns Löcher in den Bauch: wie das Essen war, die Leute, wie es uns ging, was Gazi alles erzählt hatte, ob wir wirklich, wirklich bei ihm gewesen waren und noch eine ganze Menge mehr.

Vieles versteht man selbst erst so richtig, wenn man es erzählt, und genauso war es bei uns. Dabei hatte sich unsere Bewusstseinserweiterung auf dem Rückflug noch fortgesetzt: Wir hatten nämlich einen Bangladescher im Flugzeug auf der Toilette sitzen sehen. Der Mann hatte einfach die Tür nicht verriegelt, weil er nicht wusste, wie die Schließmechanik funktionierte. Dass ihn andere Fluggäste auf der Toilette sehen konnten, schien ihn nicht gestört zu haben.

Martin und ich mussten die vielen Eindrücke erst einmal sacken lassen. Je länger wir aber von Gazi, Raija, Dhaka, der Frau mit dem Baby, der Tankstelle, dem stolzen Bürgermeister mit dem Fernseher und all den anderen Dingen erzählten, desto mehr begriffen wir selbst, was wir da alles erlebt hatten.

Doch so viel wir auch mit unserer Familie, mit Freunden und Arbeitskollegen über unsere Reise sprachen und so detailliert wir auch versuchten, all die Bilder, die wir im Kopf hatten, zu schildern – am Ende blieb bei Martin und mir stets der Eindruck: Man kann die Erfahrungen nicht eins zu eins wiedergeben. Vielleicht gibt es nicht genügend Wörter in unserer Sprache. Wahrscheinlich ist es aber eher so, dass man vieles selbst erlebt haben muss, um es vollständig zu begreifen und nachempfinden zu können.

»Wie konntet ihr mit so einer Fähre fahren?«, fragte mich Christina zum Beispiel, als wir ihr Fotos von dem verrosteten Boot zeigten. »Wer hätte euch gerettet, wenn da etwas passiert wäre?« Dass wir in jenem Moment schon an viel brenzligere Situationen gewöhnt waren, fiel uns schwer zu erklären.

Mein Mann und ich verarbeiteten die Erlebnisse in den nächsten Wochen zusammen, am intensivsten bei Gesprächen abends im Bett.

Martin: »Weißt du noch, der Lehmboden bei Gazi zu Hause?«

Claudia: »Mein Gott, dieser Verkehr dort. Warum nur fahren die so?«

Martin: »Wie viele Kinder es dort gibt.«

Claudia: »Raija weiß noch nicht, ob es ein Junge oder Mädchen wird, dabei sind es nur noch wenige Wochen bis zur Geburt.«

Martin: »Wie die Fähren dort aussahen, dass die nicht schon längst untergegangen sind.«

Claudia: »Für mich waren das Spannendste die Menschen.«

Es dauerte eine Weile, bis wir uns wieder einigermaßen eingelebt hatten. Die dreckige Wäsche von der Reise roch eigenartig. Klar, wir hatten die meisten Teile ordentlich durchgeschwitzt, aber sie hatten darüber hinaus noch einen intensiveren Geruch, den ich nur als »bangladeschisch« beschreiben konnte. Vor Ort war mir das gar nicht so sehr aufgefallen, aber das Land hatte tatsächlich einen eigenen Geruch! Das Land, das unseren Blick auf alltägliche Dinge nachhaltig verändert hatte.

Vieles, worüber wir uns vorher nie Gedanken gemacht hatten, erschien uns plötzlich so besonders: wie ruhig und gesittet der Verkehr in unserer Stadt durch die Straßen floss. Und wie angenehm es war, an jeder Ecke irgendetwas Leckeres zu finden und nicht darüber nachdenken zu müssen, ob einem das Eis, Brot, die Waffeln oder der Joghurt Magenprobleme bereiten könnten. Und überhaupt – was es bei uns alles gab: Unsere kleine Stadt hatte acht Supermärkte, unfassbar!

Am dritten Abend nach unserer Rückkehr holte Martin eine Flasche Mineralwasser aus der Getränkekiste, die bei uns gewohnheitsmäßig im Kelleraufgang steht.

Martin hat eine Angewohnheit: Er stellt immer eine Flasche neben das Sofa, aus der nur er trinken darf. Das weiß jeder in der Familie, und es wird auch nicht mehr hinterfragt.

An diesem Abend saß ich neben ihm, und er goss sich ein Glas voll. Danach hielt er die Flasche mit beiden Händen wie ein Baby. Er sah sie an, als wäre sie ein kleines Wunder. Dann blickte er zu mir, und ich wusste genau, was er sagen wollte.

Wie selbstverständlich es doch für uns ist, überall bedenkenlos sauberes Wasser kaufen zu können. In unserem Land ist sogar das Leitungswasser so rein, dass man es ohne Sorge trinken kann!

Martin dachte in dem Moment an dieselbe Geschichte wie ich: Am zweiten Morgen unserer Reise kamen wir recht früh zum Frühstück in unserem Hotel in Dhaka. Martin und ich hatten uns gerade gesetzt, da sahen wir, wie der Kellner noch schnell einige Flaschen Wasser von einem Besteckschrank nahm und sie in die Küche brachte.

Das Wasser in den Kunststoffflaschen sah auffällig trübe aus, wie aus einer dreckigen Pfütze. Eine Minute später kam der gleiche Kellner wieder zurück, mit sechs Flaschen Wasser, deren Inhalt glasklar war. Er stellte sie auf den Schrank.

Wir wussten nicht, was das sollte, und so sprachen wir

den einzigen weiteren Gast an, der noch mit uns im Frühstücksraum saß.

Er erklärte uns, dass das dreckige Wasser von den Bediensteten getrunken würde. Es käme aus der Leitung, und Leitungswasser sähe dort nun mal häufig so aus. Natürlich dürften wir es auf gar keinen Fall trinken, und auch den Bangladeschern könne davon schlecht werden. Aber die meisten hätten sich daran gewöhnt und würden es gut vertragen. Sie hatten auch keine Wahl: Trinkwasser in Flaschen zu kaufen ist für viele Menschen dort finanziell einfach nicht drin.

Der Mann gab uns noch den wohlgemeinten Rat, immer darauf zu achten, dass der Verschluss von ungeöffneten Wasserflaschen ein deutlich hörbares Geräusch beim Öffnen machte. Es kam nämlich vor, dass Betrüger Mineralwasser aus den Flaschen abfüllten und durch Leitungswasser ersetzten. Auf die Weise konnten sie die Wasserflaschen mehrfach verkaufen.

Jedenfalls hielt ich in Bangladesch gekaufte Wasserflaschen beim Öffnen immer ganz nah an mein Ohr, um das signifikante Knacken nicht zu verpassen.

Wir versuchten unseren Kindern nach diesen Erfahrungen die Unsitte abzugewöhnen, immer einen drei Finger breiten Rest in den Flaschen stehen zu lassen – leider in den ersten Jahren erfolglos. Aber mittlerweile entwickeln sie ein Bewusstsein für den Wert dieses und anderer Lebensmittel, was uns sehr freut.

Unsere Freunde und die erweiterte Familie waren natürlich sehr neugierig auf unsere Erlebnisse. Wir verbrachten nach unserer Ankunft viel Zeit damit, alle möglichen Bekannten zu treffen und stundenlang zu erzählen.

Das, was sie besonders interessierte, war alles, was mit Gazi zu tun hatte. Die meisten konnten gut verstehen, dass wir ihn und seine Familie von jetzt an finanziell unterstützen wollten. Es gab aber auch Stimmen, die weniger wohlwollend klangen. Ein Arbeitskollege von Martin kritisierte zum Beispiel, dass wir so viel Geld für die Reise ausgegeben hatten. Wir hätten es ja sparen und stattdessen der Familie dort zukommen lassen können. Im Prinzip stimmt das natürlich. Nur: Zum einen wussten wir vor unserer Reise nicht, wie wir das organisatorisch hätten bewerkstelligen können, und zum zweiten war es uns wichtig zu erfahren, welch ein Mensch dieser Gazi überhaupt ist.

Zwei Wochen nach unserer Rückkehr saßen wir in einem TV-Studio in der Nähe von Köln in der Sendung stern TV. Es wurde ein zehnminütiger Einspielfilm über die Geschichte mit dem Zettel und unseren Besuch bei Gazi gezeigt. Im Anschluss daran stellte uns Günther Jauch, der die Sendung moderierte, ein paar detaillierte Fragen zu unserer Reise. Das Gespräch wurde live ausgestrahlt, wir waren also etwas nervös vor der Sendung.

In der Kürze einer solchen Reportage ist es sicherlich schwer zu vermitteln, wie intensiv die Zeit in Bangladesch für uns war. Vielleicht lag es aber auch daran, dass es nur sehr schwer möglich ist, das Seelenleben eines Menschen in einem Fernseher sichtbar zu machen. Jedenfalls erfreute ich mich an den vielen Erinnerungen in dem Film, aber unsere wahren Empfindungen abzubilden schafften die Bilder nur teilweise.

Das Gespräch mit Herrn Jauch verlief sehr unaufgeregt. Martin hatte damit gerechnet, dass die Fragen und Antworten im Vorfeld abgesprochen würden, aber das passierte nicht.

Am meisten freute mich nach der Ausstrahlung, dass sich einen Tag später ein bangladeschischer Frauenverein bei uns meldete. Sie hätten mit Begeisterung gesehen, dass durch unsere Hilfe die Situation vieler Menschen dort einer breiten Öffentlichkeit präsent gemacht worden war. Sie brachten sogar einen großen Blumenstrauß bei uns vorbei! Eine Geste, die uns unglaublich berührte und vor allem unsere Meinung bestärkte, dass die Veröffentlichung unserer Geschichte positive Effekte hatte.

Wir dachten, dass danach erst einmal etwas Ruhe einkehren würde und wir auch mal wieder ganz gewöhnliche Tage ohne einen Gedanken an Gazi und seine Lieben verbringen würden.

Das war eine kolossale Fehleinschätzung.

16

Geburtshilfe am Telefon

Gazi hatte ein neues Hobby für sich entdeckt: SMS schreiben. So erfuhren wir regelmäßig, wie es Raija ging (gut), wie das Wetter war (mal kalt, mal warm) und auch, wie es ihm ging (o. k.).

Ich fragte ihn nach einigen Tagen, ob er das Geld für die Nachrichten nicht besser sparen oder für sinnvollere Dinge ausgeben wolle. Er antwortete, SMS zu schreiben würde ihn fast gar nichts kosten. Und was sollte er machen? Briefe dauerten nun mal Wochen – und kosteten ebenfalls Geld.

Telefonisch meldete er sich nie, obwohl er unsere Festnetz- und Mobilnummern hatte. Ihm muss bewusst gewesen sein, dass ein Gespräch auf der Basis von ein paar Dutzend englischen Wörtern kein Vergnügen ist. Wir waren uns dessen ebenso bewusst und meldeten uns auch nur per SMS bei ihm.

Er schrieb, dass er uns möglichst bald wiedersehen wollte. So gern wir diesem Wunsch nachgekommen wären, unsere finanziellen Möglichkeiten lassen regelmäßige Fernreisen einfach nicht zu. Gazis Vorstellungen waren diesbezüglich etwas unbedarft. Oder besser: Für ihn waren Deutsche per Definition Menschen, die sich alles leisten konnten. Immer.

Es kostete uns auch in den nächsten Jahren einige Mühe, ihm bewusst zu machen, dass man hier zwar mehr verdient, aber das Brot auch ein Vielfaches von dem kostet wie bei ihm.

Als Martin und ich etwa einen Monat lang wieder zu Hause waren, hatte der Alltag uns einigermaßen eingeholt.

Wir beide haben eine typische Angewohnheit: Wir gehen immer zur selben Zeit zu Bett. Wenn Martin etwa einen Männerabend mit Freunden hat, warte ich so lange im Wohnzimmer auf ihn, bis er wieder zu Hause ist. Umgekehrt verfährt Martin genauso. Ich weiß auch nicht mehr, wann sich diese Angewohnheit verselbstständigt hat, aber ohne Martin zu Bett zu gehen ist für mich mittlerweile unvorstellbar. An einem Montagabend Mitte November 2006 war es gegen elf, als wir uns schlafen legten.

Etwa anderthalb Stunden später, um null Uhr dreißig, klingelte plötzlich unser Festnetztelefon.

Es hatte sich niemand verwählt, so viel war klar, denn es klingelte bestimmt eine Minute lang, bevor ich Anstalten machte, aufzustehen. Unsere Kinder waren alle zu Hause, daher machte ich mir keine großen Sorgen. Trotzdem ist ein Anruf zu dieser Uhrzeit natürlich ungewöhnlich.

Ich hätte es einfach klingeln lassen können, aber nicht mehr lange, dann wäre unsere ganze Familie aufgeweckt worden. Martin tat so, als ob er noch schliefe, das wusste ich genau. Aber da war ich schon auf dem Weg in den Flur, wo unser Telefon steht.

Ich drückte auf den Knopf mit dem grünen Hörerzeichen.

In dieser Sekunde erreichte mein rechtes Ohr ein akustischer Schwall hastig ausgesprochener englischer Worte einer männlichen Person mit stark asiatischem Akzent. Kein Zweifel, am anderen Ende der Leitung sprach Gazi.

Nur *was* er sagte, blieb mir ein Rätsel.

Er klang furchtbar aufgeregt, fast hysterisch. Ich verstand ein paar Mal den Namen »Raija«, aber mehr auch nicht. »Langsam, Gazi, sprich langsam!«, versuchte ich ihn auf Englisch zu beruhigen. Keine Chance. Je stärker ihm bewusst wurde, dass er sich nicht richtig verständigen konnte, desto schneller sprach er, wenn das überhaupt noch möglich war. Ich versuchte ihm klarzumachen, er solle jemanden holen, der besser Englisch sprach als er, und sagte: »Go and find someone who speaks English.«

Gazi redete immer weiter, er reagierte überhaupt nicht auf das, was ich sagte. Ich zog die Reißleine, drückte auf den Knopf mit dem roten Hörer. Dann war Stille.

Zwei Minuten später klingelte es erneut.

Wieder ertönte eine männliche Stimme, aber diesmal war es nicht Gazi, sondern ein mir fremder Mann. Der sprach zwar auch nicht wirklich fließend Englisch, dafür aber um einiges ruhiger als Gazi. Der Mann gab an, Arzt zu sein. Nicht irgendeiner, sondern derjenige, der gerade dabei war, Gazis und Raijas Baby auf die Welt zu holen. Die beiden wären vor einigen Stunden im Krankenhaus in Khulna angekommen.

Daher wehte also der Wind. Irgendetwas lief bei der Geburt schief. So, wie ich ihn verstand, steckte das Baby im Geburtskanal fest. Ob mit den Schultern oder dem Kopf, oder ob es komplett falsch lag, führte er nicht näher aus.

Ich überlegte krampfhaft, was Kaiserschnitt auf Englisch hieß, aber es war mitten in der Nacht, und ich war inzwischen auch ziemlich aufgeregt, und so wollte mir das Wort partout nicht einfallen.

Martin stand mittlerweile neben mir. Er konnte mir in diesem Moment leider auch nicht helfen. Dafür erwies sich meine berufliche Vergangenheit als durchaus nützlich, wenngleich meine Ausbildung zur Arzthelferin bei einem Gynäkologen schon eine kleine Ewigkeit her war. Aber wenn diese Lehre eine Art Vorhersehung gewesen sein soll und der liebe Gott sie mich in weiser Voraussicht nur für diese spezielle Nacht hat machen lassen, dann glaube ich das gern.

Mir fiel jedenfalls das lateinische Wort ein, das ich damals für Kaiserschnitt gelernt hatte: Sectio.

Ein Segen, der Arzt verstand mich. Er erklärte mir, dass er eine Sectio durchführen wollte, oder besser musste. Nur: Gazi habe nicht genügend Geld dabei.

Ich entgegnete, dass wir ihm fünfhundert Dollar für die Geburt gegeben hätten, in der Hoffnung, Raija eine Hausgeburt ohne ärztliche Betreuung zu ersparen.

Der fremde Mediziner bestätigte, dass Gazi das Geld dabeihabe, der Betrag jedoch nur für eine »normale« Geburt reichen würde. Ein Kaiserschnitt koste das Doppelte, umgerechnet rund eintausend Dollar, inklusive der Nachsorge, so der Arzt.

Dafür wird man in Deutschland zwar nicht einmal in den Kreißsaal gelassen, aber mir war klar, dass für Gazi diese Information eine Katastrophe bedeutet haben musste. Ich hielt die Relation für realistisch, denn in Deutschland ist ein Kaiserschnitt ebenfalls weitaus teurer als eine natürliche Geburt.

Der Mediziner machte eines sehr deutlich: Wenn Gazi sich keinen Kaiserschnitt leisten könnte, würde der Arzt gezwungen sein, nicht zu operieren. Er argumentierte so: Wenn er bei einer Frau eine Ausnahme machte, müsste er es bei allen machen, und das hieße, dass er seine Stelle am Krankenhaus schneller los wäre, als ich mir das vorstellen könnte. Er schätzte, dass er noch eine Stunde Zeit hätte, das Kind zu holen. Die Herztöne des Babys waren schon schwach, viel länger würde es nicht durchhalten. Dabei könnten dann beide sterben, Mutter und Kind.

Es war klar, was er und Gazi von uns wollten: Wir sollten die nötigen zusätzlichen fünfhundert Dollar für die Geburt zahlen.

Ich überlegte kurz, ob es sich bei dieser nächtlichen Telefonattacke um einen Betrugsversuch handeln könnte. Vielleicht war mein Gesprächspartner ja gar kein Arzt. Vielleicht hatte Gazi sich das alles nur ausgedacht und einen Komplizen ins Boot geholt. Oder der Arzt war echt, aber er versuchte sich durch diese Masche etwas hinzuzuverdienen. Vielleicht hatte er mitbekommen, dass Gazi Kontakte zu einer deutschen Familie pflegte, und eins und eins zusammengezählt. Nach dem Motto: Die werden schon zahlen, aus Mitleid. In diesem Fall hätte er Gazi nur irgendetwas von Komplikationen erzählen müssen, er würde das Geld schon aus uns herauspressen.

»Konzentrier dich!«, sagte ich mir im Stillen. Es war tiefe Nacht, Gazi hatte panisch geklungen. Der Arzt gab zu verstehen, dass Raija nicht mehr viel Zeit hätte.

Eines sprach eindeutig dafür, dass der Mann am Telefon tatsächlich Arzt war: Er kannte nicht nur den lateinischen Begriff für Kaiserschnitt, sondern auch weitere medizinische Fachbegriffe wie Blutgruppenanalyse oder Kreuztest. Er kannte die üblichen Abläufe, die zeitlichen Zusammenhänge. Ein Laie hätte das nicht gewusst. Selbst Martin runzelte verwundert die Stirn, als er merkte, worüber ich mich mitten in der Nacht so alles unterhalten konnte.

Blieb noch die Möglichkeit, dass der Arzt falschspielte, den Preis für einen Kaiserschnitt vielleicht großzügig nach oben korrigierte. Konnte sein. Konnte nicht sein.

Eventuell, solche Fälle gibt es ja auch, würde sich die Position des Babys von selbst bessern, und eine natürliche Geburt wäre noch möglich.

Hätte, wäre, wenn – am Ende standen Martin und ich ganz einfach vor der Frage, ob wir das riskieren wollten. »Das« hieß in dem Fall das Leben von zwei Menschen. Für fünfhundert Dollar.

Während des Telefonats dachte ich immer wieder daran, wie viele andere werdende Mütter zu diesem Zeitpunkt irgendwo auf der Welt verzweifelt um das Leben ihres Kindes rangen, weil sie entweder gar nicht erst die Möglichkeit in Betracht zogen, ärztliche Hilfe zu beanspruchen, oder, so wie Raija gerade, kein Geld hatten, um die Versorgung angesichts von Komplikationen zu bezahlen.

In Martins und meinen Gedanken spielten zwei Begebenheiten in diesen Minuten eine große Rolle, die schon weit in der Vergangenheit lagen.

Unser erstes Kind, Christina, kam auch per Kaiserschnitt

auf die Welt, daher war mir die Situation, in der Raija gerade steckte, durchaus geläufig.

Aber vor allem mit der Geburt von Fabian, unserem dritten Kind, verband ich eine traumatische Erinnerung. Ich war mit unserem einzigen Jungen im siebten Monat schwanger, als mich mein Frauenarzt aufgrund von auffälligen Blutwerten zu einem Urologen in Köln überwies. Ich hatte eine Nierenerkrankung, und die musste genauer überprüft werden.

Der Urologe rief mich mittags nach der Blutuntersuchung an und teilte mir trocken mit, ich müsse mein Baby abtreiben lassen. Der Nierenschaden würde während der Geburt zur Folge haben, dass entweder das Kind oder ich sterben würde.

Bis dahin war meine Schwangerschaft völlig normal verlaufen. Es war ja schon unser drittes Kind. Mit einer solchen Nachricht hätte ich niemals gerechnet.

Der Arzt erklärte mir noch während desselben Telefonats, dass eine Abtreibung hier in Deutschland juristisch nicht möglich wäre, er daher für mich einen Termin in den Niederlanden organisieren würde.

Natürlich war ich völlig konsterniert und konnte kaum noch klar denken. Aber eines war mir sofort klar: Ich würde nicht hier und jetzt am Telefon einen Abtreibungstermin vereinbaren. Ich spürte Fabian schon seit Wochen in meinem Bauch strampeln und hatte bisher ein gutes Gefühl gehabt.

Ich fragte, warum der Eingriff denn in Deutschland illegal wäre, wenn er doch medizinisch notwendig sei. Die Antwort schockierte mich fast noch mehr als alles, was der Arzt mir vorher schon gesagt hatte: In Deutschland wären die Gesetze nun einmal so, dass ich Fabian austragen und ihn tot auf die Welt bringen müsste. Und das wollte er mir ersparen, daher die Sache mit dem Ausland. Er war in seiner Aussage sehr klar: Entweder das Kind oder ich würde die Geburt definitiv nicht überleben.

Ich erbat mir zunächst Bedenkzeit und rief Martin an. Er, typisch Pragmatiker, sagte: »Bevor ich dich verliere, besser das Kind.«

Ich dagegen fühlte: »Nein, besser das Kind überlebt als ich.«

Trotz unserer Verzweiflung glaubte ich nicht so recht an die Aussage des Mediziners. Das konnte der liebe Gott einfach nicht wollen.

Mein Mann und ich entschieden zunächst einmal gar nichts. Stattdessen wollten wir eine zweite Ärztemeinung hören.

Wir hörten von einem erfahrenen Urologen in Bonn und machten einen Termin bei ihm aus. Der Arzt war schon um die siebzig. Seine Erfahrung und Ruhe sorgten noch während unseres ersten Gesprächs für großes Vertrauen von meiner Seite. Er sagte zu mir:

»Kindchen, mach dir keine Sorgen. Wenn du den Kleinen noch vier Wochen in deinem Bauch halten kannst, ist er groß genug, dass er per Kaiserschnitt geholt werden kann.«

Und wenn der Junge doch früher käme, erfuhr ich, sähe er sehr gute Chancen, dass die Ärzte mich retten könnten. Rein schulmedizinisch gesehen wären die Werte tatsächlich besorgniserregend. Aber zunächst einmal auf Zeit zu spielen hielt er in dieser Situation für die bessere Lösung.

Als die vier Wochen vorbei waren, fühlte sich mein Bauch immer noch völlig in Ordnung an. Wir warteten weiter ab.

Ich ließ in Bonn regelmäßig verschiedene Kontrolluntersuchungen durchführen, und irgendwann setzten die Wehen ein.

Martin und ich fuhren in eine Geburtsklinik, erzählten den Ärzten und Hebammen dort aber nichts von unserer Vorgeschichte. Meinen Mutterpass, in dem diese Informationen notiert waren, hatte ich nicht mitgenommen. Ich flunkerte bei der Anmeldung, ich hätte ihn in der Hektik vergessen.

Mit Sylvia, einer meiner besten Freundinnen, hatte ich im Vorfeld einen Plan aufgestellt, was im Fall des Falles geschehen sollte: Sie würde ihren Job kündigen und tagsüber, während Martin arbeitete, bei uns auf unsere Kinder aufpassen. Wenn Martin von der Arbeit käme, würde sie wieder nach Hause gehen. So wäre das Einkommen für unsere Familie gesichert, und die Kinder wären versorgt.

Sylvia – falls du das hier liest: Ich bin dir immer noch unendlich dankbar für deine Selbstlosigkeit. Diese Tage haben das Band unserer Freundschaft in meinen Augen noch mehr gefestigt. Danke, dass es dich gibt!

Die Geburt dauerte nur rund zwei Stunden. Ich gebar Fabian an einem Sonntag im Juni des Jahres 1999. Martin fragte nach der Niederkunft sicherheitshalber selbst noch einmal bei der zuständigen Ärztin nach, ob mit mir und dem Kind alles in Ordnung sei, was bejaht wurde. Er sagte:

»Gut, dann melden Sie bitte den kleinen Kerl ordnungsgemäß an und machen die Papiere fertig, wir gehen nach Hause.«

Eine Stunde später lag ich mit Fabian auf unserem Sofa. Das Baby, das ich hätte abtreiben sollen, ist heute neunzehn Jahre alt, macht eine Ausbildung zum Lageristen und ist unser einziger Sohn geblieben. Er wohnt schon nicht mehr zu Hause und führt ein weitgehend eigenständiges Leben.

Mit diesen Erfahrungen im Gepäck führte ich in besagter Nacht die Gespräche mit Gazi und dem Arzt.

Für Martin und mich war klar, dass wir in dieser Situation helfen mussten. Übrigens auch für unsere Kinder, die mittlerweile ebenfalls wach waren und im Schlafanzug auf dem Sofa saßen.

Leider erstrahlte unser Konto zu diesem Zeitpunkt aufgrund der Reise nicht gerade in vollem Glanz. Konkreter ausgedrückt: Unser Dispo war fast ausgereizt. Fünfhundert Dollar sind eine Menge Geld, und zu diesem Zeitpunkt galt das erst recht.

Da müssen wir durch, dachte ich. »Das haben wir in einigen Monaten schon wieder ausgeglichen«, hoffte ich. Unsere Entscheidung stand fest, auch wenn wir uns darüber im Klaren waren, wie grotesk sich die Situation darstellte. Zu diesem Zeitpunkt lagen sicherlich Hunderte Frauen alleine in Bangladesch in einem Krankenhaus oder gar zu Hause auf einem schmutzigen Bett und bekamen keine Hilfe, von den Menschen am Straßenrand ganz zu schweigen. Für uns aber gab es auf einmal nichts Wichtigeres, als dieser einen Frau und ihrem Kind das Leben zu ermöglichen.

Warum ist die Welt so ungerecht? Warum haben wir selbst

in der Zeit nach dieser Nacht keine Petition oder sonst etwas gestartet, um auf die medizinische Situation in Entwicklungsländern aufmerksam zu machen? Um ehrlich zu sein, wir haben nur die Kraft und die Ressourcen, um dieser einen Familie zu helfen. Wir können lediglich hoffen, dass sich diese katastrophalen Verhältnisse irgendwann einmal ändern.

Wie wäre dieser Tag wohl für Raija ausgegangen, wenn sie zu Hause geblieben wäre und dort entbunden hätte? Vielleicht wäre das Kind ohne Probleme auf die Welt gekommen, vielleicht hätte Gazi aber auch seine Frau und sein Kind verloren.

Wir sagten dem Arzt also, er solle die Operation in jedem Fall durchführen. Wir würden für die Kosten aufkommen.

Unsere Worte waren klar und deutlich, aber damit war die Sache immer noch nicht geregelt.

Der Mediziner diskutierte weiter mit mir. Auf meine mündliche Zusage wollte er sich nicht verlassen. Die Familie wäre in einigen Tagen verschwunden. Was hätte er dann als Sicherheit?

Was sollten wir tun? Wir konnten nicht zaubern, und Gazi hatte natürlich keine EC- oder Kreditkarte. Mir fiel ein, dass in unserem Keller noch ein altes Faxgerät stand. Und so schrieb ich in dieser Nacht um ein Uhr morgens handschriftlich den folgenden Satz auf ein Blatt Papier, der vielleicht zwei Leben gerettet hat:

> *Hiermit bestätigen wir, die zusätzlichen Kosten von umgerechnet 500 US-Dollar für den Kaiserschnitt zu übernehmen.*

Ich fügte Raijas sowie unseren Namen und die Adressen hinzu. Dieses Schriftstück reichte dem Arzt. Er bestätigte, die Operation nun durchzuführen, und legte auf.

Ein Wahnsinn war das. Was für eine Welt. In Deutschland regen sich die Menschen (zu Recht!) auf, wenn sie beim Arzt stundenlang in überfüllten Wartezimmern sitzen, und dort sterben Menschen, weil sie sich überhaupt keine medizinische Behandlung leisten können. Ärztliche Versorgung als reines Dienstleistungsgeschäft. Es klingt pervers, aber so funktioniert das wohl in vielen Teilen dieser Welt. Wer sich keinen Fernseher für fünfhundert Euro leisten kann, hat halt keinen Fernseher. Wer keine fünfhundert Euro für einen Kaiserschnitt zahlen kann, hat halt ein totes Kind.

Was wir bis heute nicht wissen, ist, ob der Arzt, nachdem er durch Gazi von uns erfahren hatte, dreist gelogen hat. Womöglich kostete ein Kaiserschnitt in dem Krankenhaus ja normalerweise weniger, vielleicht nur dreihundert Dollar? Oder zweihundert?

Manche erfreuen sich daran, sich über die sprichwörtliche deutsche Bürokratie im Gesundheitswesen zur Genüge aufzuregen. Krankenkassenfestbeträge, die Gebührenordnung der Ärztekammer und vieles andere sind sperrige Begriffe – und so manches ließe sich sicherlich einfacher lösen. Aber hierzulande ist wenigstens halbwegs klar geregelt, wie viel ein Arzt für Fiebermessen, eine Herztransplantation oder eben einen Kaiserschnitt berechnen darf.

Das ist in Bangladesch anders. Jedes Krankenhaus hat seine eigenen Preise, die manchmal von der Laune der Ärzte abhängig sind. Viele Jahre später sollten wir persönlich erfahren, wie schwammig die Preise im medizinischen Bereich dort sind.

Mehr konnten wir zu diesem Zeitpunkt nicht tun. Mit Schlafen war bei Martin und mir erst mal Sense.

Eine Stunde nachdem wir das Fax gesendet hatten, rief Gazi ein weiteres Mal an.

Ich verstand ihn wieder schlecht, aber die Wortfetzen »baby born«, »boy«, »Raija ok« und »happy happy happy« reichten mir völlig.

»Was für eine Nacht«, sagte ich mit einem Stoßseufzer zu Martin.

»Und was für ein Land«, antwortete mein Mann.

Wir gingen ins Bett. Vor Sonnenaufgang schaffte ich es aber nicht, wieder einzuschlafen. Am nächsten Morgen tätigte ich die Überweisung an das Krankenhaus in Khulna.

Ich hoffe, es klingt nicht selbst beweihräuchernd, wenn ich sage, dass wir natürlich stolz darauf waren, geholfen zu haben. Häufig ist es im Leben zum Glück so, dass dem Helfenden irgendwann auch Gutes widerfährt. Vielleicht gibt es da oben ja tatsächlich jemanden, der auf lange Sicht für ausgleichende Gerechtigkeit sorgt. Uns jedenfalls widerfuhr schon am nächsten Tag etwas sehr, sehr Gutes.

Ein Freund von uns kam zu Besuch. Bei uns gab es an dem Tag natürlich nur ein Thema: die Geburt von Gazis Sohn.

Unser Freund war damals alleinstehend und finanziell

recht gut aufgestellt. Er bot an, uns die fünfhundert Dollar zu leihen, was wir dankend annahmen.

Als wir ihm das Geld zwei Monate später zurückzahlen wollten, lehnte er ab. Ihm sei es eine Freude gewesen, uns zu unterstützen.

Gazi sendete uns einige Tage später eine SMS. Der Name seines ersten Jungen sei Raquibul. Er hätte ihm gern zusätzlich, als Dank und zur Anerkennung für unsere Hilfe, offiziell den Namen meines Mannes gegeben. »Martin« sei auf dem Amt in seiner Regionalhauptstadt aber nicht bekannt gewesen. Er konnte den Namen folglich nicht eintragen lassen.

Gazi schrieb, er werde den Jungen trotzdem »Martin« rufen und diesen Namen für seinen Sohn im Herzen halten.

17

Ein monatliches Ritual

Sieben Jahre später, im Jahr 2013, standen wir an einem Donnerstagnachmittag gegen siebzehn Uhr an einer Wurstbude am Hinterausgang des Kölner Hauptbahnhofs. Wir beobachteten an diesem sonnigen Herbsttag einige Obdachlose, während wir eine Currywurst aßen. Etwa zwanzig bis dreißig Berber und Punker halten sich hier tagsüber normalerweise auf, so auch heute.

Eine junge Frau kam auf uns zu. Sie war vielleicht dreißig Jahre alt und fragte, ob wir etwas Geld für sie hätten. Wir boten ihr an, dass sie gerne mit uns eine Wurst mit Pommes essen könne, falls sie Hunger habe; wir würden zahlen. Sie strahlte uns an und sagte sofort Ja. Die junge Frau futterte sich satt, und wir unterhielten uns zu dritt über alles Mögliche, auch über Gazi.

Es war unser fünfundachtzigster Besuch bei dem Imbiss. Seit unserer Rückkehr war er ein fester Bestandteil eines monatlichen Rituals von Martin und mir.

Am Ende jedes Monats fahren wir nach Köln. Wir parken in einer Tiefgarage am Dom, schlendern zum Bahnhof, gehen in eine Filiale der Reisebank und schicken Gazi einen Geldbetrag per Sofortüberweisung. Dann laufen wir zu der

Wurstbude, bestellen zwei Currywürste mit Pommes, und während wir darauf warten, senden wir Gazi per SMS den Code. Mit diesem und seinem Ausweis geht Gazi dann zu einer Bank und holt das Geld ab.

Bettler sprechen uns hier häufiger an. Einige reagieren unwirsch, wenn wir ihnen anbieten, etwas zu essen zu kaufen, anstatt Bargeld zu geben. Andere freuen sich und nehmen dankend an. Es gibt solche und solche. Natürlich könnten wir den Bedürftigen einfach ein paar Euro in die Hand drücken. Aber wir möchten vermeiden, dass die Leute sich Schnaps oder Zigaretten von dem Geld kaufen. Es ist selbstverständlich deren Entscheidung, wie sie leben möchten, aber Drogensucht zu unterstützen ist nicht in unserem Sinn. Diese Gefahr sehen wir bei Gazi zum Glück nicht.

In der ersten Zeit nach unserer Reise, also seit 2006, schickten wir Gazi und seiner Familie monatlich dreißig Euro. Dazu überwiesen wir für eine ältere Dame, die sich nach den Medienberichten bei uns gemeldet hatte und ebenso helfen wollte, zusätzlich zwanzig Euro. Sie schickte uns diesen Betrag etwa ein Jahr lang jeden Monat in bar.

Als sie die Zahlungen einstellte, übernahmen wir ihren Teil, es blieb also bei den fünfzig Euro.

Gazi bedankte sich jedes Mal herzlich per SMS, so auch dieses Mal.

Die junge Punkerin verabschiedete sich von uns, fragte aber vorher noch, wie lange wir Gazi denn unterstützen wollten. Das war sicherlich eine gute Frage, die wir ihr aber nicht beantworten konnten, auch wenn sie uns zunehmend beschäftigte.

Gazi hatte in all den Jahren regelmäßig geschrieben, dass er mit dem Geld den Großteil seines Lebensunterhalts bestritt. Er kaufte Reis, Gemüse, Kleidung für den Jungen, hatte den Uni-Abschluss seiner Frau gezahlt und vieles mehr. Und er hatte noch eine besondere Verwendung für das Geld: Steine.

Jeden Monat knapste er einen kleinen Teil des Betrages ab und erwarb dafür rund hundert Backsteine. Wenn er genügend Baumaterial zusammenhätte, würde er seine Hütte mit festen Mauern ausstatten, schrieb er.

Diesen Plan begrüßten wir sehr. Es soll nicht herablassend klingen, aber so viel Weitsicht hatten wir ihm gar nicht zugetraut. So, wie wir die Menschen vor Ort kennengelernt haben, bestimmt die Sorge, was heute und morgen ist, viel mehr den Alltag als Gedanken an den kommenden Monat oder das nächste Jahr.

Etwa zweimal pro Woche meldete sich Gazi in diesen Jahren.

Wir schrieben uns auch Nachrichten, als im April 2013 das »Rana Plaza« in Dhaka eingestürzt war. Gazi hatte von der Katastrophe natürlich gehört. Soweit ich ihn verstand, waren aber keine Bekannten von ihm unter den Opfern.

Viel mehr schrieb er zu der Katastrophe, über die Medien weltweit berichteten, nicht. Ich hatte den Eindruck, dass dieses Ereignis für ihn nur der vorläufige und fast zwangsläufige Höhepunkt einer Reihe von Unglücken war, die aufgrund von Pfusch beim Bau, mangelndem Brandschutz und laschen behördlichen Kontrollen immer wieder in Fabriken von Textilherstellern vorkamen.

Gazi schrieb regelmäßig, wie es ihm und seiner Familie erging. Wir schrieben, was bei uns so los war. Keine langen Geschichten, sein Englisch lässt leider bis heute keine ausführlichen Berichte zu. Wir erfuhren, dass er sich ab und zu bei einem Fischzucht-Unternehmen etwas dazuverdiente. Als geregelte Arbeit konnte man das aber nicht bezeichnen.

Und so verging die Zeit.

Martin und ich fragten uns seit unserer Begegnung mit Gazi, was wir an unserem eigenen Konsumverhalten ändern sollten, an unserer Lebensweise. Wir sind durch die Reise gewiss keine Engel geworden, das war auch nicht unser Ansinnen. Wir wollten nur einer Familie helfen, die in Not war. Dennoch konnten wir gar nicht anders, als uns selbst in vielen Dingen zu hinterfragen. Wir hatten gesehen, wie wertvoll etwa ein einfacher Fisch für Menschen sein konnte. Bei uns hingegen wurden Lebensmittel, wie etwa Brot, regelmäßig schimmelig.

Wir versuchen seither, weniger Lebensmittel vergammeln zu lassen oder wegzuwerfen. Früher standen bei uns häufiger schon mal drei angebrochene Milchtüten im Kühlschrank, mit absehbaren Folgen. Dass das nicht in Ordnung ist, wussten wir auch vorher. Aber heute ist uns der Wert von Lebensmitteln so sehr bewusst, dass es unser Handeln tatsächlich beeinflusst.

Früher haben wir nach Geburtstagen Massen an Kuchen, Kartoffeln, Fleisch, was auch immer aufgetischt wurde, weggeschmissen. Die gleiche Erfahrung machen sicherlich viele Menschen in Deutschland. Heute schaffen wir es, besser zu wirtschaften. Wir riskieren lieber, dass die Kartoffeln nicht für alle reichen, als dass die Hälfte im Mülleimer landet.

Besonders machten wir uns nach unserer Reise natürlich Gedanken darüber, welche Kleidung wir wo zukünftig kaufen sollten und wie viele Hosen, Pullis und Hemden wir überhaupt benötigen. Die chemikalienverseuchten Flüsse hatten Spuren bei uns hinterlassen.

Die Anzahl der Kleidungsstücke, die wir pro Jahr kaufen, haben wir reduziert. Ich führe keine Statistik, aber wir machen heute einfach nicht mehr jede Modewelle mit. In meiner Jugend gab es zwei Kollektionen pro Jahr – heute findet man alle zwei Monate neue Ware in den Geschäften.

Ökologisch gesehen ist die Masse an produzierten Textilien mit all den Chemikalien, die dabei eingesetzt werden, ein Horror. Hier muss einfach ein Umdenken stattfinden.

Viele Deutsche beschäftigen sich zudem damit, ob es vernünftig ist, überhaupt Kleidung aus solchen Ländern zu kaufen. Diese Thematik hat sehr verschiedene Facetten, und ich möchte Sie, liebe Leser, um etwas Geduld bitten – ich gehe später darauf ein.

Unser SMS-Verkehr mit Gazis Familie war durch die Sprachbarriere häufig zwar oberflächlich, aber dafür zuverlässig. Raija schaffte 2009 ihren Studienabschluss in Computerwissenschaften. Wir erfuhren zudem, dass Gazis und Raijas Sohn Raquibul, genannt Martin, seit seinem sechsten Lebensjahr die Schule besuchte. Und auch dem Rest der Familie ging es deutlich besser als zu der Zeit, da wir bei ihnen waren. Jedenfalls schrieb Gazi das.

Es gab aus unserer Sicht aber auch unerfreuliche Entwicklungen. Gazi fand keine feste Arbeit. Man könnte auch sagen: Seine Motivation zu arbeiten war wohl nicht besonders stark ausgeprägt. Er schrieb immer wieder, dass er bei seinem Heimatort nichts finden würde, und jetzt, mit dem Kind, wolle er nicht wieder so weit entfernt von seiner Familie wohnen. Dhaka, wo es die meisten Arbeitsplätze gibt, ist immerhin acht Autostunden von seinem Heimatdorf entfernt.

»Solange wir ihn unterstützen, wird er keine feste Arbeit annehmen«, mutmaßte Martin mehr als einmal. Dabei entwickelten wir sogar teilweise Verständnis für Gazis Lethargie, was die Jobsuche anging. Wir hatten gesehen, wie schwer es ist, sich dort sein Geld zu verdienen. Die Situation ist mit einer Arbeit in Deutschland schlicht nicht zu vergleichen. Auf der anderen Seite wollten wir schon, dass er irgendwann seine Familie selbst ernähren könnte, und schrieben ihm das auch.

Die siebzig Euro, die er mittlerweile von uns jeden Monat bekam (ich hatte Martin dazu überredet, als Raquibul/Martin eingeschult wurde), waren in seinen Augen anscheinend nicht, wie von uns beabsichtigt, bloß eine Art Übergangsgeld, bis er wieder auf eigenen Füßen stünde. Es hatte vielmehr den Anschein, als ob Gazi seinen Lebensunterhalt durch uns als gewährleistet ansah.

Mit den Jahren spielten sich der SMS-Verkehr und später die WhatsApp-Nachrichten vorwiegend am Ende eines Monats ab – also immer kurz bevor unsere Überweisung fällig wurde. Wir waren zunehmend irritiert und hatten den Eindruck, er würde sich vor allem deshalb melden, um uns an die Überweisung zu erinnern.

Gazi schrieb uns etwa, dass er Fieber habe und zum Arzt müsse. Ein anderes Mal stand ein kulturelles Fest an. Dafür brauchten Gazi und Raija angeblich neue Kleidung. Ich schrieb zurück, dass wir uns auch nicht zu jedem Fest neue Outfits kaufen könnten, aber die monatliche Summe bekamen sie trotzdem.

Zudem fragte Gazi hin und wieder nach einer Sonderzahlung. Etwa als Raija ihre Abschlussprüfung an der Uni hatte, die Geld kostete. In diesem Fall überwiesen wir tatsächlich einen kleinen zusätzlichen Betrag, weil uns eine möglichst gute Bildung natürlich wichtig ist. Gazi schrieb das alles in einem freundlichen, sogar freundschaftlichen Ton. Aber es wurde immer offensichtlicher, dass sich die Familie zu sehr auf unsere Hilfe verließ. Als Konsequenz daraus überwiesen wir ab 2014 unregelmäßiger Geld, mal weniger, mal einen Monat gar nichts.

Ich schrieb Gazi einmal, dass das Geld auch bei uns nicht auf den Bäumen wächst, und hoffte inständig, dass er das Bild verstehen würde. Um mein Anliegen zu untermauern, schilderte ich ihm etwa, dass unsere Waschmaschine kaputt sei und wir eine neue bräuchten. So etwas reißt tatsächlich ein Loch in unsere monatliche Haushaltsplanung. Nur Minuten nach der SMS bereute ich jedoch, was ich geschrieben hatte. Nicht, weil es nicht stimmte, sondern eher, weil die Zwischentöne sich für ihn unpassend lesen mussten. Die reiche Deutsche stöhnte über eine kaputte Waschmaschine. Für Menschen in seiner Lebenslage ist solch ein Gerät ganz und gar unerreichbar.

Je mehr seine Nachrichten sich für uns aber nach reinem Betteln anhörten, umso mehr waren wir uns sicher, weniger generös sein zu dürfen. Vor allem Martin war der Meinung, irgendwann müssten wir ein Zeichen setzen.

Als Raija einmal recht barsch schrieb: »Wir brauchen Geld. Überweist uns Geld«, mochte der Ton vielleicht ein Stück weit der Sprachproblematik geschuldet gewesen sein, aber für uns brachte es das Fass zum Überlaufen. Wir drehten den Geldhahn gänzlich zu. Das war Anfang 2016, also fast zehn Jahre nach unserem Besuch bei der Familie.

Martins Eindruck war: »Der lebt wie ein Fürst auf unsere Kosten.«

Uns ging es zu dem Zeitpunkt finanziell selbst nicht besonders rosig. Wir mussten Steuern zurückzahlen, brauchten ein neues Auto, was halt so passiert. Vor allem aber entschlossen wir uns zu dem Schritt, um Gazis Motivation anzustacheln, seine Familie selbst ernähren zu können.

Wir waren nach diesem Schritt gespannt, ob unsere Beziehung nur auf unseren monatlichen Geldzuwendungen basierte. Dann, so sagten wir uns, würde der Kontakt sicherlich schon bald abbrechen.

18

Like like like

2016 war ein besonderes Jahr. Das wichtigste Ereignis für uns in dieser Zeit: Martin und ich sind zum ersten Mal Oma und Opa geworden, von Pia, dem ersten Kind unserer Tochter Christina.

Und: Unsere Beziehung zu Gazi entwickelte sich in diesem Jahr noch einmal völlig neu. Gazi erhielt kein Geld mehr von uns. Das war für ihn sicherlich nach all den Jahren eine große Umstellung. Mit siebzig Euro kann man hier in Deutschland vielleicht einen Großeinkauf beim Discounter bezahlen – Gazi hingegen bestritt den Großteil seines Lebensunterhalts davon. Wir wussten nicht so recht, ob wir wegen dieser Entscheidung ein schlechtes Gewissen haben sollten oder nicht.

»Wir müssen ihn irgendwie wachrütteln, ihm zeigen, dass er nicht ewig von unserem Geld leben kann«, fasste Martin den Schritt treffend zusammen. Mir fiel die Sache schwerer, aber tief im Innern wusste ich, dass wir so handeln mussten. Nicht, weil wir geizig waren, sondern um ihn anzustacheln, endlich wieder für sich und seine Familie zu sorgen.

Gazis Reaktion war gelassener, als ich gedacht hatte. Er fragte, ob wir aus irgendeinem Grund böse auf ihn wären.

Ich schrieb: »Nein, aber zurzeit ist es uns nicht möglich, euch zu unterstützen. Du musst versuchen, selbst für deinen Lebensunterhalt aufzukommen.«

Danach war die Sache für ihn erledigt. Er nahm unsere Entscheidung einfach hin. Der Kontakt blieb bestehen – und zwar intensiver als je zuvor.

Neu war nämlich auch, dass Gazi sich bei Facebook angemeldet hatte. Das änderte unsere Kommunikation grundlegend.

Man sollte sich nicht der Illusion hingeben, dass nur die reiche westliche Welt Facebook nutzt. Die größten Zuwachsraten hat das Netzwerk in Entwicklungsländern. Für jemanden wie Gazi, der keinen Fernseher besitzt und, soweit wir wissen, keine Zeitungen oder Bücher liest, bietet Facebook nicht weniger als einen Zugang zu allem, was außerhalb seines Dorfes passiert.

Das hatte auch zur Folge, dass wir uns ein direktes Bild von Gazi und den Veränderungen in seinem Leben machen konnten. Wir sahen, wie sich sein Sohn entwickelt hatte. Wir sahen, wie sich sein Haus veränderte (es hatte jetzt gemauerte Wände!), und dass er immer noch sehr ernst schaute.

Nacheinander wurden erst wir, dann auch unsere Kinder Online-Freunde von Gazi. Vor allem Judith tauschte teilweise mehrmals am Tag Nachrichten mit ihm aus. Dass der Kontakt, nachdem wir die Zahlungen eingestellt hatten, sogar noch zunahm, erleichterte mich. »Dann ging es ihm anscheinend ja tatsächlich nicht nur ums Geld«, sagte ich zu Martin, der das genauso empfand.

Man mag das Online-Netzwerk sehen, wie man möchte: Wir schätzten die Vorteile von Facebook in diesem Fall sehr.

Gazi und seine Lieben nahmen noch intensiver an unserem Leben teil und wir an ihrem. Fabian zum Beispiel (zur Erinnerung: der, den es um ein Haar gar nicht gegeben hätte) lebt seit einiger Zeit in einem Haus einer Berufsbildungsstätte. Er macht eine Ausbildung und will sich die Fahrwege sparen. Eines Nachts roch er Rauch in dem Haus, weckte alle anderen Bewohner, rief die Feuerwehr und verhinderte so ein großes Unglück. Das Haus brannte wenig später lichterloh. Als wir Fabians Rettungstat bei Facebook posteten, fragte Gazi direkt nach, ob es Fabian gut gehe, wie das Feuer denn ausgebrochen sei, wie schnell die Feuerwehr vor Ort gewesen sei und dergleichen.

Wir merkten, dass das Feuer bei ihm viel größere Ängste hervorrief als bei uns.

»Der weiß, wie es ist, sein Haus zu verlieren«, sagte Martin zu mir und den Kindern. Bei uns kommt so etwas zum Glück äußerst selten vor, aber Gazi musste schon häufiger seine Hütte komplett neu errichten.

Ihm direkt alle Einzelheiten schildern und Bilder zeigen zu können erzeugte ein Gefühl von Nähe und Verbundenheit. Das Ganze hatte manchmal aber auch kuriose Züge.

Seit Gazi die »Like«-Funktion bei Facebook entdeckt hatte, versah er alles, was wir online hinterließen, mit einem Like. Für Menschen, die mit Facebook keine Berührungspunkte haben: Man kann dort alles, was jemand postet, bewerten. Die gängigste Bewertung ist das »Liken«, also zu bekunden, dass man etwas mag. Und Gazi mochte anscheinend alles, was wir machten:

Ich schrieb an Martin: »Herzliche Glückwünsche zum Hochzeitstag, Schatz.« Gazi: »I like!«

Ich postete das Foto einer Geburtstagstorte. Gazi: »I like!«

Ich schrieb etwas über den Wesselinger Karnevalszug. Gazi: »I like!«

Ich hinterließ nach einem Friseurbesuch einen doofen Spruch: »Schnippschnapp – Haare ab«. Gazi: »I like!«

Als wir im Sommer 2016 eine Bootstour auf dem Rhein unternahmen, hatte Gazi unseren Ausflug schon gelikt, da waren wir noch gar nicht wieder an Land.

Im Herbst 2017 schrieb Gazi, dass Raija wieder schwanger sei. Rumms! Diese Nachricht ließ unsere selbst auferlegte Härte in Bezug auf unsere Geldgebermentalität binnen Tagen wieder erweichen.

Martin und ich sprachen einige Male darüber, was wir nun tun sollten – aber im Grunde war uns sofort klar, dass Raija nicht Gefahr laufen sollte, ihr Kind zu Hause gebären zu müssen. Ihr erstes Kind, Raquibul/Martin, war zu diesem Zeitpunkt schon fast elf Jahre auf der Welt. Warum es so lange gedauert hatte, bis Raija wieder schwanger wurde, haben wir nie erfahren. Wir fragten natürlich auch nicht nach. Wenn man allerdings davon ausgeht, dass die beiden mehr als ein Kind bekommen wollten, dann wird einem schnell klar, dass diese zweite Schwangerschaft Gazi und seine Frau mit großer Freude erfüllt haben musste.

Seit Ende 2017 unterstützen wir Gazi monatlich wieder mit siebzig Euro. Unser Ritual am Kölner Hauptbahnhof wurde wieder eingeführt.

Raijas und Gazis zweiter Sohn, Richat, kam am 7. Dezember 2017 gesund auf die Welt. Auch er wurde per Kaiserschnitt geholt, jedoch in einer anderen Klinik. Auch dieses Mal zahlten wir für die Operation. Aber die Geburt verlief weit weniger dramatisch. Einige Tage vor der Niederkunft hatte Gazi uns gesagt, es würde rund 600 Dollar kosten. Er hatte wohl besser verhandelt als beim letzten Mal. Diese Summe überwiesen wir ihm zusätzlich zu den monatlichen Zahlungen. Gazis Facebook-Seite explodierte Tage später vor süßen Babyfotos.

Die Fotos, die Gazi postete, stachelten unsere Neugierde mit der Zeit eher noch an, als dass sie befriedigt wurde. »Ich würde ihn wirklich gern noch einmal besuchen. Meinst du nicht, wir würden das irgendwie hinbekommen?«, fragte ich Martin ein ums andere Mal. Er äußerte immer wieder Zweifel, wie wir das organisatorisch schaffen sollten.

»Wer holt uns vom Flughafen ab? Wie sollen wir zu Gazi reisen? Was, wenn es irgendwelche Probleme gibt?«

Ich musste zugeben, er hatte recht. Wir waren, was diese Art des Reisens anging, einfach nicht erfahren genug. Auch wenn wir nun eine Ahnung hatten, wie es in dem Land aussieht, hieß das noch lange nicht, dass wir solch eine Reise alleine auf die Beine stellen könnten. Natürlich ist es kein Problem, online oder in einem Reisebüro Flüge zu buchen. Auch bekommt man als Deutscher problemlos ein Visum für Bangladesch. Nur fangen die Probleme genau dann an, wenn man am Flughafen ankommt. Eine Zug- oder Busverbindung in die Nähe von Gazis Heimatort? Gibt es nicht. Und wenn es sie gibt, haben wir sie noch nicht gefunden. Einen Wagen zu mieten und auf eigene Faust die acht Stunden Fahrt zu Gazi zu bewältigen – ganz ehrlich, dabei wäre

Martin und mir angst und bange gewesen. Wahrscheinlich wären wir eher irgendwo in Indien oder Myanmar gelandet als in seinem Dorf.

Dazu machte uns die Sicherheitslage in Bangladesch Sorge. In deutschen Nachrichten bekommt man in der Regel nicht viel davon mit, aber wenn man, wie wir, für Bangladesch sensibilisiert ist, liest man hin und wieder von Terroranschlägen, von Raubüberfällen oder Entführungen. Die Seite des Auswärtigen Amtes warnt davor, in größere Menschenansammlungen zu geraten. Auch »feste Bewegungsmuster« sollten vermieden werden. Nur: Wie soll man die als Ortsunkundiger vermeiden? Sogar von Fahrten mit Rikschas wird abgeraten. Auch wenn ich nach unserem ersten Besuch am liebsten so bald wie möglich wieder zu Gazi gereist wäre, hatten wir eingesehen, dass wir es ohne Hilfe nicht schaffen würden. Wir hofften einfach, dass sich irgendwann noch einmal die Chance bieten würde, wie auch immer.

Unsere jüngste Tochter Steffi ist mittlerweile achtzehn Jahre alt und kann sich an eine Zeit, in der Gazi bei uns keine Rolle spielte, gar nicht mehr erinnern. Sie muss einige der Gespräche zwischen Martin und mir über unseren Wunsch, Gazi noch einmal zu sehen, mitbekommen haben – und auch meine Sorge, dass mir die Zeit davonlaufen könnte. Ich bin mittlerweile dreiundfünfzig Jahre alt. In den letzten Jahren hatte ich einige gesundheitliche Rückschläge. Meine eigene Mutter starb mit achtundfünfzig. Es klingt abstrus, aber ich habe wirklich Angst vor dem Erreichen dieser Schwelle. Raquibul/Martin, Gazis ersten Sohn, einmal im Leben von Angesicht zu Angesicht zu sehen war ein riesengroßer Wunschtraum von mir.

Steffi begriff, wie wichtig Martin und mir es war, wieder nach Bangladesch zu reisen. Und sie hatte eine ganz eigene Idee: Das kluge Kind schrieb per Mail einfach noch einmal stern TV an, mit der Frage, ob die Redaktion nicht daran interessiert wäre zu erfahren, was aus der Geschichte mit dem Zettel geworden war.

Einige Tage später saß Dirk wieder bei uns im Wohnzimmer. Er hatte Kuchen mitgebracht.

19

Die Rückkehr

Gazi rastete auf Facebook schier aus vor Aufregung, als wir ihm berichteten, dass wir ihn gern wieder besuchen würden. Er fragte fast minütlich, wann genau wir landen würde, wer alles mitkäme, wie lange wir bleiben würden und so weiter.

Er schrieb auch, dass er uns gern etwas zurückgeben würde für all das, was wir für seine Familie getan hätten. Ihm sei klar, dass er uns mit materiellen Geschenken nicht beeindrucken könnte, aber er wolle uns auf eine andere Weise eine Freude machen: Er würde in den Tagen unseres Besuchs eine Art Touristenführer für uns sein – und machte uns sogar Hoffnung, dass wir mit ihm die wohl größte Attraktion des Landes erleben könnten: bengalische Tiger in freier Wildbahn. Ihm lag es am Herzen, uns Seiten von Bangladesch zu zeigen, die nicht jeder x-beliebige Tourist zu sehen bekommt (dass es in Bangladesch so gut wie keine Touristen gibt, lassen wir einfach mal unter den Tisch fallen).

Die Sache mit den Tigern sorgte zunächst für ein mulmiges Gefühl in meiner Magengegend. Die Tiere gehören zu den anmutigsten der Erde, sind aber auch bekannt dafür, dass sie Menschen angreifen. Jedes Jahr sterben in Bangladesch und Indien Dutzende Fischer in den Mangroven der Sundarbans durch Tigerangriffe.

Aber dass Gazi sich überhaupt solche Gedanken machte, erfüllte Martin und mich mit Freude. Noch mehr beglückte uns, dass wir ihn und seine Familie überhaupt wiedersehen würden.

Drei Tage vor dem Abflug Mitte Mai 2018 schrieb Gazi: »Dear Claudia, take my best love.« (So beginnt er übrigens jede Nachricht, jede!) »How many days stay in here. Can I book ready plate. Take my best love.«

Er fragte also wieder, wie lange wir bleiben würden, obwohl wir das schon mehrmals geschrieben hatten, nämlich fünf Tage. Was er mit »Can I book ready plate« meinte, wusste ich nicht. Er wollte wohl irgendetwas für uns buchen, aber was, erschloss sich mir beim besten Willen nicht. Solche Kommunikationsschwierigkeiten hatten wir in den letzten Jahren immer wieder. Doch bald würden wir von Angesicht zu Angesicht miteinander reden können – darauf freute ich mich wie ein kleines Kind!

Der Tag des Abflugs. Am Flughafen in Düsseldorf wurde Martin und mir noch einmal sehr deutlich, wie wenige Europäer Bangladesch besuchen. Die Airline-Mitarbeiterin beim Check-in sah auf ihren Computer und fragte mich allen Ernstes: »Dhaka – wo liegt das denn noch mal?«

Auf dem Umschlag meines neuen Reiseführers, den ich auf dem Flug durchblätterte, ist ein bengalischer Tiger inmitten einer Dschungellandschaft abgebildet. »Ob wir so einen wirklich sehen?«, fragte ich Martin.

»Ich weiß gar nicht, ob ich das wirklich möchte«, antwortete mein Mann mit einem Gesichtsausdruck, der keine Vorfreude ausdrückte.

Während des Fluges, auf dem ich sogar einige Stunden Schlaf bekam, dachte ich darüber nach, was wir überhaupt mit dieser zweiten Reise bezwecken wollten.

Beim ersten Mal war es uns darum gegangen herauszufinden, ob es Gazi überhaupt gab, ob er wirklich so arm war, wie er geschrieben hatte, und zu schauen, wie wir ihm helfen konnten. War das lange her! Es war das Jahr, in dem in Deutschland die Fußball-WM stattgefunden hatte. Seitdem war eine Ewigkeit vergangen.

Jetzt war unsere Zielsetzung eine andere. Natürlich wollten wir wissen, wie es Gazi und Raija ging, was sich alles bei ihnen verändert hatte, und Raquibul/Martin und Richat in den Arm nehmen. Vor allem sollte es ein Besuch bei Freunden werden, denn als das empfanden wir die Beziehung zu Gazi und Raija: als Freundschaft.

Martin und ich nahmen uns vor, einfach eine gute Zeit zu verbringen, und möglichst viel davon mit Gazi und seinen Lieben. Dabei hatten wir auch Angst vor Enttäuschungen. Was, wenn wir merkten, dass wir über die Jahre doch nur ausgenutzt worden waren und er mit dem Geld wer weiß was angestellt hatte? Mein Misstrauen rührte zum großen Teil daher, dass wir auch emotional stark mit ihm verbunden waren. Dabei hatten wir mit dem Mann ja erst einen einzigen Tag in unserem Leben verbracht. Eine für uns noch schlimmere Vorstellung war daher: Was, wenn die bangladeschische Seite der Freundschaft diese gar nicht als solche empfand?

Mit dem Begriff Freundschaft sollte man vorsichtig umgehen, das ist mir absolut bewusst. Und unsere Verbindung ist sicherlich keine, die man als typisch im üblichen Sinn bezeichnen würde. Dazu gehört normalerweise, dass man sich viel häufiger sieht, sich besser kennt, sich Dinge erzählt, die man mit anderen nicht teilt. Trotzdem würde ich das, was zwischen Gazis Familie und uns gewachsen war, durchaus als Freundschaft bezeichnen – nur eben als eine sehr besondere.

Trotz unseres regelmäßigen Kontakts war Martin und mir aufgefallen, dass wir sehr viele wichtige Dinge von Gazi gar nicht wussten. Wir hatten so viele Fragen im Gepäck: Wie hatte sich seine häusliche Umgebung verändert? Wovon hatte er gelebt, als er kein Geld von uns bekam? Arbeitete Raija? Wie regelmäßig besuchte Raquibul/Martin die Schule? Was war mit dem Rest der Familie? Wie ging es seinen Geschwistern, seiner Mutter? Und warum begann er jede Nachricht mit »Take my best love«?

Dieses Mal flog außer Dirk noch ein Kameramann von stern TV mit uns. Wir standen nach der Landung an einem Donnerstagmorgen im Mai 2018 also zu viert im Flughafen in Dhaka vor den Schaltern mit der Aufschrift »Immigrations«. Gazi, so hatten wir es besprochen, würde außerhalb des Flughafens auf uns warten. Die Ankommenden verteilten sich auf sämtliche Schalter der Grenzbeamten. Es dauerte dieses Mal ewig, bis ich bei der Passkontrolle an der Reihe war – und dann merkte ich auch, warum: Der Uniformierte schaute zunächst mehrere Minuten auf meinen Pass, ohne ihn aufzuklappen. Im Inneren war unser Visum abgedruckt. Und dort stand auch deutlich auf Deutsch und Englisch unser Herkunftsland: die Bundesrepublik Deutschland. Ich lächelte ihn an. Nach etwa fünf Minuten – er hielt den Pass immer noch in der Hand und besah sich die Klappe – fragte er mich: »Where are you from?« Auf Deutsch: »Woher kommen Sie?«

Ich wusste nicht, was das sollte. Die Dinge in diesem Land liefen manchmal einfach anders als gewohnt. Am Ende bekamen wir alle unsere Stempel, und ich betrat zum zweiten Mal in meinem Leben Gazis Land.

Zu meiner großen Überraschung erwartete unser Gastgeber uns schon im Flughafen direkt hinter dem Zollbereich, zusammen mit Raquibul/Martin und seinem Schwager Shovon. Mein Herz schlug wie wild, als wir auf die drei zugingen.

20

Die Kleiderfabrik

Ich umarmte zunächst Gazi lang und fest und verdrückte direkt ein paar Tränen. Er trug ein braunes Poloshirt und ein Lederband um seinen rechten Oberarm und hatte etwas von einem alternden Indianer. Um ihre Hälse trugen alle drei Besucherausweise des Flughafens.

Dann nahm ich Raquibul/Martin in den Arm, Gazis Sohn. Ich drückte ihn aber nicht ganz so fest wie seinen Vater. Die Unsicherheit war dem Jungen ins Gesicht geschrieben, und ich wollte ihn nicht überfordern.

Auch wenn es abgedroschen klingt, er erschien mir viel größer als auf den Bildern. Meine Güte, ging es mir durch den Kopf, ein richtig großer, gesunder Junge.

Dieses Mal hielt Gazi Blumen in der Hand, je einen Strauß aus verschiedenfarbigen Gerbera für Martin und mich. Das schien er sich vom letzten Mal gemerkt zu haben, als wir ihm Blumen mitgebracht hatten.

Wir sprachen kurz die wesentlichen Dinge ab. Shovon erklärte gestenreich, dass Raija mit dem Baby zu Hause geblieben wäre. Dirk hatte einen Fahrer organisiert, der am Ausgang wartete. Gazi sagte, wir würden bereits in einer Kleiderfabrik in der Nähe erwartet, das sei unser erster Programmpunkt. Spätestens am kommenden Tag würden wir den Rest der Familie bei Gazi zu Hause treffen.

Martin und ich ergaben uns unserem Schicksal.

Erst jetzt fiel mir ein, dass die drei ja eigentlich gar nicht hier im Inneren des Flughafengebäudes sein durften. »Wie hat er das denn eigentlich geschafft?«, fragte ich Martin. Gazi schien mich verstanden zu haben.

»Habe ich organisiert«, war das Einzige, was er dazu stolz auf Englisch sagte.

»Respekt, der Mann hat wirklich etwas Bauernschlaues«, raunte ich Martin zu. Der nickte nur. Er war gedanklich wahrscheinlich noch bei den schnarchnasigen Grenzbeamten.

Raquibul/Martin sprach zunächst sehr wenig. Er sah uns die ganze Zeit mit großen Augen an. Er sei das erste Mal in Dhaka, erzählte Gazi. Mir fiel auf, dass der Kleine beim Gehen die Fußspitzen leicht nach innen drehte, ich deutete es als ein Zeichen von Unsicherheit. Später erfuhren wir, dass es sogar das erste Mal war, dass der Junge überhaupt in einer richtigen Stadt war. Unglaublich! Kein Wunder, dass er größere Augen machte als Jim Knopf. Ein bisschen konnte er einem fast leidtun, bei so vielen neuen, aufregenden Eindrücken. Er kannte bisher nur die Landschaft rund um sein kleines Heimatdorf.

Gazi führte seinen Sohn, indem er ihn sanft am Unterarm fasste, bis wir bei unserem Wagen waren. Der Junge setzte sich in die letzte Reihe des Minibusses. Er sog förmlich alle Eindrücke auf, die auf ihn einprasselten.

»Gazis Bangladesch-Tour« konnte beginnen.

Vom Flughafen fuhr uns Niloy, unser Fahrer und Übersetzer für die nächsten Tage, nach der fünfzehnstündigen Flugreise also nicht etwa zu einem Hotel, sondern direkt zu einer Kleiderfabrik.

Wir hatten Gazi vorher gesagt, dass wir möglichst viel von seinem Land mitbekommen wollten und nicht wieder, wie beim letzten Mal, die wertvolle Zeit in Dhaka in irgendwelchen langweiligen Hotels verbringen mochten. Er hatte zusammen mit Dirk für die Möglichkeit gesorgt, eine typische »garment factory«, wie die riesigen Kleidungsproduktionsstätten hier heißen, besichtigen zu können. Für Martin und mich war die Vorstellung, einmal hautnah miterleben zu dürfen, wie unsere Klamotten genäht wurden, extrem spannend.

Die Fabrik liegt in einem Industriegebiet im Norden von Dhaka. Wenn jemand sagt, wir fahren direkt vom Flughafen in ein Industriegebiet der gleichen Stadt, rechnet man eigentlich nicht damit, dass die Fahrt mehr als zwei Stunden dauert. Aber genau so war es. Martin und ich mussten uns erst einmal wieder in diese Welt einfinden. Und noch etwas anderes sollte uns schon am ersten Tag beschäftigen: Es war Regenzeit in Südasien.

Wir saßen gerade eine Viertelstunde im Auto, da verdunkelte sich plötzlich der Himmel. Um ganz sicherzugehen, sah ich auf meine Uhr: Es war Mittagszeit. Kleiner Zeiger oben, großer Zeiger oben – ohne Zweifel, es war Punkt zwölf, als ich dachte: Armageddon, das Ende der Welt naht.

Gewitterwolken hatten alles verfinstert, es blitzte, donnerte und krachte, wie ich es sonst nur aus Hollywoodfilmen kenne. Dann öffnete der stockdunkle Himmel seine Schleusen. Innerhalb von wenigen Minuten waren die Straßen überflutet. Menschen kauerten sich am Straßenrand zu Dutzenden unter kleine Unterstände. Es regnete so ergiebig, wie wir es zu Hause vielleicht einmal pro Jahr erleben. Dicke, prasselnde Tropfen hämmerten gegen unsere Windschutzscheibe. Der Scheibenwischer, das arme Ding, war völlig überfordert. Es war der Augenblick, in dem jede Faser in mir begriff: Die nächsten Tage würden kein Urlaub werden, das stand absolut fest.

Das Wetter war das eine, doch der Verkehr machte uns noch weitaus mehr zu schaffen.

Dirk fragte Niloy nach einer Weile, als der Regen schon wieder etwas nachgelassen hatte, wann die Straßensperre denn vorbei sei. Der Fahrer antwortete: »Welche Sperre?« Das hier sei kein Stau, sondern der normale Verkehr.

Ob der sich seit unserem letzten Besuch noch verschlimmert hatte, konnte ich nicht einschätzen. Sicher ist: Wenn wir das nächste Mal hierherfahren, kann es eigentlich nicht noch ärger werden, denn enger, voller, nerviger als der jetzige Zustand geht es aus meiner Sicht nicht.

Die Fabrik, zu der Gazi uns führte, hat rund achttausend Mitarbeiter. Sie stellen Kleidung her für eine ganze Reihe bekannter Modefirmen, darunter etwa H&M, Mango und s.Oliver, aber auch für Textildiscounter wie Takko. Wir fragten ihn, ob das die Firma sei, von der aus er damals den Zettel auf die Reise geschickt hatte.

»No, no«, antwortete Gazi. Die, so erzählte er uns, existiere schon länger nicht mehr.

Die Kleiderfabrik, die wir nun besichtigen durften, besteht aus zwei achtstöckigen Gebäuden. Die Hochhäuser fallen in dem Industriegebiet nicht besonders auf – es gibt Dutzende solcher Produktionsstätten in dieser Gegend, die fast alle Textilien herstellen.

Die Fabrik steht am Ende einer Seitenstraße. Auf der linken Seite begrenzen mehrere Meter hohe Wellbleche die Straße, auf der rechten Seite ein sechsstöckiger Rohbau, der allem Anschein nach schon viele Jahre lang ein sechsstöckiger Rohbau war. Auf dem Eingangstor unserer Fabrik ist ein großes Schild angebracht. Auf Englisch steht dort: »Kinder werden hier nicht angestellt.«

Martin fiel dazu nur ein: »Prima – heißt das, dass Kinderarbeit sonst hier überall normal ist?«

Das war auch eine unserer ersten Fragen an den sehr bemühten Fabrikmitarbeiter, der sich drei Stunden Zeit genommen hatte, um uns alle Bereiche der Produktion zu zeigen. Uns war von vornherein klar, dass die Besitzer des Unternehmens uns hier nicht hereinlassen würden, wenn sie nicht sicher wären, dass wir am Ende einen guten Eindruck gewinnen würden. Wir hatten ja schließlich einen Journalisten samt Kameramann im Schlepptau.

Kinderarbeit, so berichtete der Fabrikführer, komme tatsächlich leider immer noch vor in seinem Land, obwohl sie natürlich verboten sei. Er erklärte, dass viele Minderjährige auch zu Hause als Arbeitskräfte eingesetzt würden, etwa um die Eltern zu pflegen oder bei der Ernte zu helfen.

Unsere Führung begann im Erdgeschoss, in der Färbe-Abteilung. Hier wurden gerade Jeans, die Monate später bei H&M in den Regalen liegen würden, blau gefärbt. Die Halle war etwa so groß wie die Turnhalle meiner Grundschule früher. Darin standen rund ein Dutzend blaue, etwa vier Meter hohe Geräte, die aussahen wie riesige Waschmaschinen. In jede einzelne hätte unsere ganze Familie ohne Probleme hineingepasst. Darin wurden die Hosen gefärbt. Später kamen sie in Trockner, die ähnlich aussahen. Die Trommeln hatten etwa einen Durchmesser von zwei Metern. Jede Maschine fasste dreihundert Hosen. Alles war computergesteuert. Die Arbeiterinnen und Arbeiter trugen Mundschutz.

Es war warm in der Halle, aber nicht unerträglich heiß. Etwa fünfzig Menschen arbeiteten dort. Ich schätzte, dass es etwa gleich viele Männer wie Frauen waren. Sie schienen mit ihrer Arbeit ganz zufrieden, wenn ich ihre Gesichter richtig las.

»Ich hätte nicht gedacht, dass das hier so modern aussieht«, lautete Martins erste Reaktion.

Wir wurden weitergeführt, durch sämtliche Bereiche hindurch. In Lagerhallen wurden Hunderte Rollen mit unterschiedlichsten Jeansstoffen aufbewahrt. Es gab ganze Etagen mit Arbeitern an Maschinen, an denen Kleidung den noch immer modernen »used look« bekam. Der Stoff wurde mit Klammern an den vorderen Hosentaschen faltig gesteckt und dann mit Farbe gewaschen, sodass helle Streifen entstanden.

Zwischendurch gönnten wir uns in einem Aufenthaltsraum eine Mittagspause. Wir bestellten für alle Pizzen. Als sie geliefert wurden, bemerkte ich, dass Gazi und Raquibul/Martin nicht wussten, wie sie mit der Situation umgehen sollten. Sie hatten noch nie im Leben Pizza gegessen. Vor allem war Gazi unsicher, ob er sich einfach mit uns und den Verantwortlichen der Fabrik an einen Tisch setzen durfte. Er meinte schließlich, er hätte keinen Hunger. Das konnte ich akzeptieren, aber nicht, dass er sich abseits von uns in eine Ecke setzte, als gehöre er nicht dazu. Wir baten ihn so lange, bis er endlich mit Raquibul/Martin neben uns Platz nahm. Er wollte wohl auch nicht undankbar erscheinen. Und so sagte er zu seinem Sohn, dass er doch ein Stück essen solle. Der machte noch größere Augen als vorher schon, denn er hatte gesehen, dass wir für uns um Messer und Gabeln gebeten hatten. Seine Erleichterung war deutlich spürbar, als er sah, dass die Mitarbeiter der Firma mit den Fingern aßen. Auch ich legte das Besteck zur Seite, lächelte ihn an und sah, dass er endlich beherzt zugriff.

Am interessantesten für uns war die Abteilung, in der die Näherinnen arbeiteten. Etwa vierhundert Frauen saßen in einem Raum an ihren Nähmaschinen, sie alle waren barfuß. An jedem Platz lagen Dutzende Hosen. Der Bereich war riesig, ich schätzte, etwa so groß wie ein Fußballfeld. Die Arbeiterinnen trugen ihre Privatkleidung, bunte, leichte Gewänder. Sie wirkten etwas verschüchtert, als wir durch die Gänge liefen. Das monotone Rattern der Maschinen wurde überlagert von bangladeschischer Musik.

Der Mann, der uns herumführte, stand die ganze Zeit bei uns. Dazu hatten sich mittlerweile vier weitere Verantwortliche gesellt, die uns begleiteten. Ich fragte mich, ob sie alle nur neugierig waren oder die PR-Abteilung der Firma auf Nummer sicher gehen wollte.

Einer der Herren zeigte während des Rundgangs auf mein orangefarbenes Halstuch. »Ist das aus unserer Fabrik?«, fragte er mich. Ich war etwas verdattert, wusste erst gar nicht, was er meinte. »Wir stellen genau solche her«, schob er nach.

Dann erst begriff ich. Es konnte tatsächlich sein, dass dieses Kleidungsstück hier gefertigt worden war. Ich hatte es bei Takko in unserer Heimatstadt gekauft. Ich suchte nach einem Info-Schildchen an dem Tuch, fand aber keines.

»Es könnte sein. Aber das wäre schon ein großer Zufall. Diese Tücher gibt es ja recht häufig«, sagte ich zu ihm. Dennoch: Möglich ist es.

Wenig später kamen wir mit den Näherinnen ins Gespräch. Ich fragte eine etwa zwanzig Jahre junge Frau in einem hübschen türkisfarbenen Sari, die seit einem Jahr dort angestellt war, was genau sie täte und wie viel sie verdiente.

Ihre Aufgabe war es, so erzählte sie, Gesäßtaschen an Hosen zu nähen. Eine monotone Arbeit, sie muss zweihundertfünfzig Nähte pro Stunde schaffen.

»Good work«, sagte sie schüchtern. Ihre Stelle gefiel ihr also. Und sie erzählte noch mehr:

Die Arbeitszeit beträgt täglich acht bis zehn Stunden, nur selten mehr. Sie arbeitet sechs Tage die Woche. Dafür bekommt sie monatlich umgerechnet neunzig bis hundert Euro.

Mehr als zweihundert Arbeitsstunden pro Monat für maximal hundert Euro! Also nur rund fünfzig Eurocent Stundenlohn – und das in einer Vorzeigefabrik!

Gazi war eher in die andere Richtung überrascht: Er hätte nicht damit gerechnet, dass die Näherinnen »so viel« verdienten. Sein Arbeitgeber habe damals manchmal monatelang einfach gar nichts gezahlt, weil es angeblich Schwierigkeiten mit den Kunden gegeben habe, erzählte er uns. Die Bedingungen seien überhaupt viel schlechter gewesen, wie etwa die Arbeitszeiten.

Wir konnten all das nicht nachprüfen, da die Firma ja längst nicht mehr existierte, aber wenn man den zahlreichen Presseartikeln über das Thema Glauben schenkt, waren Gazis Aussagen korrekt.

Ob die Näherin wiederum die Wahrheit sagte oder nicht, konnten Martin und ich nicht mit hundertprozentiger Sicherheit beurteilen. Sie sprach aber klar und deutlich, und ich hatte sie von mir aus angesprochen, sie war also nicht von der Firma ausgesucht worden. Daher schätzte ich die Wahrscheinlichkeit, dass es stimmte, was sie sagte, als hoch ein.

Der Verdienst, so gering er nach deutschen Maßstäben auch scheinen mag, hatte sich also für die Näherinnen dieser Fabrik allem Anschein nach massiv verbessert. In den letzten Jahren wurde, so hatten wir es in unserem Reiseführer gelesen, ein Mindestlohn eingeführt. Der beträgt 2018 umgerechnet 52 Euro pro Monat. Es gibt immer wieder Streiks von Arbeiterinnen und Arbeitern, die höhere Löhne und bessere Arbeitsbedingungen vor allem in der Textilwirtschaft fordern. Die Fortschritte diesbezüglich gehen aber nur langsam voran. Unser Fabrikführer begründete das auch damit, dass Modefirmen zunehmend in für sie noch billigeren Ländern wie etwa Äthiopien produzieren lassen. Wenn also die Löhne in Bangladesch angehoben werden, besteht die Gefahr, dass Arbeitsplätze hier verloren gehen. Sosehr ich diese Argumentation nachvollziehen konnte und mich über die steigenden Löhne für die Arbeitnehmer hier freute: Aus meiner Sicht werden die Menschen immer noch ausgebeutet.

Die großen Modefirmen geben Millionen für Werbung aus, machen Gewinne, dass einem schwindelig wird, aber diejenigen, die die Hauptlast tragen, wagen von einem Stundenlohn von einem Euro nicht einmal zu träumen.

Wir wollten die Frau weiterarbeiten lassen, aber sie bot mir an, ob ich nicht auch einmal versuchen wollte zu nähen. Martin drängte mich sofort auf den Stuhl, die Gelegenheit sollte ich mir nicht entgehen lassen. Die Näherin zeigte mir kurz, worauf ich achten sollte. Schon nach wenigen Stichen hatte ich den ersten Fehler fabriziert. Noch ein Versuch, dieses Mal klappte es schon besser. Die Frau lächelte mir wohlwollend zu.

Unser Fabrikführer erzählte, dass die Firma rund einhundertsechzigtausend Kleidungsstücke pro Tag fertigte. Mir kam das irre viel vor. Vielleicht habe ich ihn auch nicht richtig verstanden, doch die Masse an Waren, die wir gesehen haben, war schier unglaublich.

Vor allem aber betonte er unzählige Male, wie viel Wert das Management auf die Arbeitssicherheit hier lege. Er zeigte uns Feuerlöscher an den Wänden, in gelben und roten Signalfarben ausgeschilderte Rettungswege und Tafeln, auf denen die stabile Seitenlage erklärt wurde. Auch Glocken zum manuellen Läuten, falls der Strom bei einem Feuer ausfallen würde, durften nicht fehlen. Es gab sogar ein Schild mit Porträts von zehn Sicherheitsverantwortlichen, das sogenannte »Safety Committee«.

Der Mann gab frank und frei zu, dass erst die Katastrophe des Rana-Plaza-Gebäudes diese Entwicklung in Gang gesetzt hatte.

»Hört sich ja alles toll an, aber die super Brandschutztüren schließen nicht mal richtig«, flüsterte Martin mir ins Ohr. Er hatte schon bei der ersten Zwischentür, durch die wir geführt worden waren, gemerkt, dass sie nicht, wie bei uns vorgeschrieben, von selbst schloss. Und selbst wenn man sie zudrückte, sprang sie wieder auf.

»Immerhin«, antwortete ich. »Ich glaube, früher haben die sich überhaupt nicht um solche Dinge gekümmert.«

So viel Mühe sich die Verantwortlichen auch gaben, war es natürlich etwas völlig anderes, bei VW in Wolfsburg am Band zu stehen – was sicherlich für die meisten auch kein Traumjob ist –, als hier in einem Entwicklungsland zu arbeiten. Eine Situation verdeutlichte mir das besonders. Ich fragte einen der Verantwortlichen, die uns die ganze Zeit begleitet hatten, warum die Näherinnen keine Wasserflaschen an ihren Arbeitsplätzen hätten. Die Luft war trocken, gefühlt hatte der Raum eine Temperatur von fast dreißig Grad.

»Wasser? Das brauchen die hier nicht. Wir haben eine gute Belüftung, die Türen und Fenster stehen ja offen.«

Am Ende durften wir noch in einen speziell gesicherten Bereich. Wie am Flughafen wurde man an der Tür auf metallische Gegenstände untersucht. Es war die Abteilung Endkontrolle und Verpackung. Hier wurde jedes Teil noch einmal überprüft und dann direkt verpackt. Ich war überrascht, wie gewissenhaft dabei gearbeitet wurde. Aber klar, nach dem Schließen der Pappkartons wurden diese direkt an die Kunden ausgeliefert.

Gazi zeigte uns, wie er das mit dem Zettel angestellt hatte. Er tat so, als ob er etwas in eine Hosentasche steckte, legte die Hose in den Karton und klappte den Deckel zu. Er machte es so, dass es die anderen Arbeiter nicht mitbekamen – es sollte ja keiner auf dumme Gedanken kommen … Dabei lächelte er mich schelmisch an. Ich bedachte ihn mit dem gleichen Blick, wie ich früher Fabian angesehen hatte, wenn er irgendeinen Unfug angestellt hatte.

Vielleicht war diese Fabrik vor unserem Besuch tatsächlich komplett auf links gedreht worden, um den Eindruck zu vermitteln, die Bekleidungsindustrie hätte sich vom Saulus zum Paulus gewandelt. Abgesehen davon, dass das einen höllischen Aufwand bedeutet hätte, bleibt die Tatsache bestehen, dass sich etwas im Bewusstsein der Verantwortlichen verändert hat. Allein schon, dass es überhaupt Fabriken gibt, die solche halbwegs vorzeigbaren Bedingungen haben, bedeutet eine positive Entwicklung.

Ich will um Himmels willen keine Werbung für irgendwen machen. Wahrscheinlich, das sagen jedenfalls Experten, gibt es immer noch genügend schwarze Schafe unter den »garment factories«. Unbestritten ist aber meines Erachtens, dass durch die vielen Medienberichte die Modefirmen immer mehr gezwungen werden, darauf zu achten, an welche Fabriken sie ihre Aufträge erteilen.

Vor unserer Verabschiedung sprach ich den Mann, der uns die ganze Zeit begleitet hatte, noch auf eine Sache an. Ich erzählte ihm von den vielen kritischen Berichten in Deutschland zum Thema Arbeitsbedingungen in der Bekleidungsindustrie in Bangladesch und dass es immer mehr Menschen gebe, die sich Gedanken darüber machten, ob sie hier hergestellte Textilien überhaupt noch kaufen dürften.

Der Mann starrte mich aufgeregt an. Dann platzte es förmlich aus ihm heraus. Die Arbeitsbedingungen wären aus seiner Sicht absolut in Ordnung, das sollten wir den Kunden in Deutschland sagen. Die Wirtschaft sei abhängig von den Exporten, Millionen würden davon leben. Es sei ganz und gar nicht mehr so, dass die Arbeiter ausgepresst würden bis zum Letzten. Was wäre denn die Konsequenz, wenn alle nur noch Hemden aus Frankreich und den USA importieren? Den Menschen hier würde ihre Lebensgrundlage entzogen werden. Sein Gesicht wurde hochrot, während er darüber sprach.

»Auf der einen Seite werden die Arbeiter ausgenutzt, auf der anderen Seite bringt es auch nichts, gar nichts mehr von hier zu kaufen«, fasste Martin das Dilemma zusammen.

Ich überlasse es Ihnen, liebe Leser, Ihre eigenen Schlüsse daraus zu ziehen. Eine perfekte Lösung kann ich leider auch nicht präsentieren, so gern ich es täte.

21

Eine »Villa« im Dschungel

Es war schon dunkel, als wir an diesem ersten Tag spätabends in Khulna eintrafen. Gazi hatte uns auf der siebenstündigen Fahrt immer wieder beschrieben, was links und rechts der Straße zu sehen war. Auf welche Weise etwa Reis geerntet wurde oder wie das Bussystem funktionierte (jedenfalls in der Theorie). Mindestens genauso viel Zeit verbrachte er damit, mit Raija zu telefonieren. Sie rief ihn genau vierzehn Mal an, ich hatte irgendwann begonnen mitzuzählen. Worum es dabei ging, konnten wir nur erahnen. Martin schätzte, dass er ihr jedes Mal durchgab, wo wir uns gerade befanden. Gazi hatte gesagt, wir müssten, bevor wir schlafen gingen, seine Frau und den Kleinen unbedingt noch sehen, sie wäre extra in die Stadt gekommen, um uns zu begrüßen. Sie sei bei einer Tante.

Gazi bat den Fahrer endlich, in einer winzigen Seitenstraße eines Wohngebietes zu halten. Die Häuser sahen etwas heruntergekommen aus, aber sie waren aus Stein gemauert, es gab Strom hier und sogar einige kleine Geschäfte. In diesem Wohnblock sollte die Tante von Raija wohnen. Gazi nannte sie immer nur »Auntie«. Um elf Uhr abends schlurften wir die drei Stockwerke zu Auntie hoch.

Raija öffnete die Tür der kleinen Wohnung. Sie hatte ihren Jüngsten, Richat, auf dem Arm. Wir waren zu diesem Zeitpunkt längst fix und fertig. Aber das knuffige, knapp sechs Monate alte Baby im Arm von Raija weckte meine Lebensgeister wieder. Die Mutter war unglaublich stolz auf ihr süßes Kind, das hellwach war und lustig quietschte, als es uns sah. Ich nahm es auf den Arm. Richat roch lecker nach Baby.

Raija hatte etwas zu essen vorbereitet, daher wahrscheinlich die ganzen Anrufe vorher. Ihr Händedruck war immer noch schlaff wie Pudding. Aber immerhin konnte sie mittlerweile Augenkontakt halten und wirkte viel selbstbewusster als bei unserem ersten Besuch. Auntie war gar nicht zu Hause, sondern nur Gazis eigene Familie.

Es standen einige Melonenstücke auf dem Tisch, Mandarinen und – Hamburger. Die Burger waren sicherlich der verzweifelte Versuch von Raija, beim Essen nichts falsch zu machen. Sie und Gazi denken sicherlich bis heute, dass Fisch für uns die Höllennahrung schlechthin ist. Um nur ja nichts verkehrt zu machen, hatten sie allem Anschein nach das besorgt, was für sie eine typisch westliche Speise ist – eben Burger.

Wir blieben etwa eine Stunde, redeten über die Kinder, über das Essen und über die nächsten Tage. Niloy übersetzte. Obwohl wir ihm auf der Fahrt von der Entstehungsgeschichte dieser ungewöhnlichen Freundschaft erzählt hatten, war er sichtlich überrascht, wie viel wir voneinander wussten und wie nahe wir uns standen.

Raija überreichte mir ein Geschenk, eine selbst gemachte, mit Kunstperlen besetzte Henkeltasche. Der

Grundton war rot. Weiße, in Achteckform gesteckte Perlen ergaben ein Muster, das an die Schweizer Nationalflagge erinnert. Sie sah wirklich unfassbar kitschig aus, aber die Tatsache, dass Raija die Handtasche selbst gefertigt hatte, flößte mir Respekt ein. Ich bedankte mich dafür und riet ihr, daraus ein Geschäft zu machen. Sie lachte nur und meinte, ich wüsste wahrscheinlich nicht, wie lange sie daran gearbeitet hätte.

Wir verabredeten uns schließlich für den nächsten Tag. Wenig später, während das nächste Gewitter am Himmel aufzog, kamen wir endlich in unserem Hotel an. Ich glaube, ich schlief schon ein, während ich mir noch die Zähne putzte.

Am nächsten Morgen trafen wir uns um halb neun mit Gazi in Khulna an einer »Privatklinik«. Es handelte sich um das Krankenhaus, in dem sein zweiter Sohn Richat ein halbes Jahr zuvor zur Welt gekommen war. Gazi hatte Raquibul/ Martin nicht mitgebracht, ihm waren die Eindrücke am vorigen Tag zu viel gewesen, sagte der Vater.

Die Privatklinik befand sich in einem dreistöckigen grauen Gebäude. An der Fassade hing eine zwei Meter breite weiße Werbetafel. Wir erkannten kein einziges Zeichen der rosa Schrift. Außen hing ein Bündel Stromkabel vor der Wand. Bunte Handtücher trockneten in den Fensterrahmen, die vergittert waren.

Der Eingang im Erdgeschoss war nichts weiter als ein dunkler, gemauerter Raum ohne Mobiliar. Von dort wurden wir von dem »Klinik-Manager« in die erste Etage geführt. Der Mann litt an grauem Star, war sehr redselig und irre stolz auf seine Klinik. Am meisten fiel mir sein orangerot gefärbtes Haar auf. Dirk war so dreist zu fragen, warum er diese Farbe trug. Niloy und Gazi lachten und erklärten, dass dies zur Zeit Mode sei in Bangladesch.

Im ersten Geschoss stand eine Holztheke, darauf fünf Krankenakten, sonst nichts. Das war der Empfangsbereich. Ansonsten gab es noch drei Zimmer: einen OP-Raum und zwei Patientenzimmer, in denen jeweils drei Metallliegen standen. Die erinnerten stark an Bundeswehrbetten, jedenfalls waren sie stabil, sahen aber alles andere als bequem aus. Im ersten der überwiegend rot angestrichenen, dunklen Zimmer lagen zwei Frauen, die in den letzten Stunden ihre Babys bekommen hatten. Die Räume waren nicht furchtbar dreckig, aber sie wirkten modrig, vor allem die Wände. Es gab nichts, das dem tristen Eindruck entgegenwirkte, gar nichts. Im zweiten Raum lag ein am Bauch operierter Mann. Blinddarmdurchbruch, die OP war zwei Tage her. An der Wand hingen acht leere und ein voller Infusionsbeutel. Die leeren hingen dort, erklärte der Klinik-Manager ohne Anflug von Ironie, damit er bei der Entlassung wüsste, wie viel der Mann verbraucht hatte.

Den OP-Saal durften wir nicht betreten, er sehe aber genauso aus wie die Patientenzimmer, erklärte er mit stolzgeschwellter Brust. So, wie er sprach, konnte man meinen, er redete über die Charité in Berlin. Ich dagegen dachte nur: Was für ein Grauen – und hoffte, um nichts in der Welt in diesem Land ernsthaft krank zu werden. Die oberste Etage gehörte gar nicht mehr zur Klinik. Dort befanden sich Wohnungen.

Dies war also eine Privatklinik, die unserem Wissen nach

einen besseren Standard als die öffentlichen Krankenhäuser aufwies.

Dirk fragte den Rotschopf, wie viele der Patienten hier krankenversichert wären. Der Mann legte den Kopf zur Seite und wirkte, als ob er die Frage nicht verstanden hätte. Niloy gab dem Journalisten zu verstehen, dass der Manager wahrscheinlich noch nie von einer Krankenversicherung gehört hatte. Jedenfalls war Barzahlung hier nicht nur üblich, sondern selbstverständlich. Wie viel denn eine Geburt kosten würde, wollte er als Nächstes wissen. Der Manager nannte zunächst einen Betrag, der umgerechnet etwa hundertfünfzig Dollar entspricht. Ab diesem Zeitpunkt hörte Gazi ganz genau hin.

Er hatte uns erzählt, dass er für die Geburt von Richat, der ebenso wie Raquibul/Martin per Kaiserschnitt kam, sechshundert Dollar gezahlt habe. In der Relation passte das nicht, er hätte wohl weniger zahlen müssen. Gazi dämmerte, dass er betrogen worden war. Der Manager bekam das zunächst nicht mit. Er hatte allem Anschein nach keine Ahnung mehr, wie viel er Gazi abgeknöpft hatte.

Wir erkundigten uns, ob mit den hundertfünfzig Dollar wirklich alle Kosten einer normalen Geburt abgegolten wären. Der Manager kam sichtlich ins Schwimmen, nannte jetzt sehr unterschiedliche Preise, für Kaiserschnitte mit Komplikationen, ohne Komplikationen, je nachdem, man müsse bedenken, es gäbe komplizierte Fälle, da seien Medikamente und bestimmte wichtige Spritzen natürlich noch nicht einberechnet, die Nachsorge auch nicht ... Insgesamt müsse man bei einer Geburt mit Kosten von etwa 25 000 Taka, also rund 250 Dollar, rechnen. Er wusste schon selbst nicht mehr, ob er von Kaiserschnitten sprach oder natürlichen Geburten. Gazi machte immer größere Augen. Er sprach den Manager jetzt direkt auf Bengali an. Der Lautstärke und Sprechgeschwindigkeit nach zu urteilen war Gazi mächtig sauer. Keine Zahl, die der Rothaarige genannt hatte, war so hoch wie das, was Gazi gezahlt hatte.

Der Manager wurde jetzt kleinlaut, antwortete nur kurz und wies uns bald den Weg nach draußen. Er müsse sich wieder um die Patienten kümmern, war das Letzte, was wir von ihm hörten. Wahrscheinlich bereute er in diesem Moment zutiefst, uns in seine Räumlichkeiten gelassen zu haben.

Draußen auf der Straße war Gazi immer noch erzürnt.

An besondere Komplikationen bei der letzten Geburt konnte er sich beim besten Willen nicht erinnern. Die Auseinandersetzung sollte uns später noch einmal beschäftigen. Jetzt aber machten wir uns erst einmal auf den Weg zu Gazis Dorf.

Viele Dinge schienen sich in dem Land in den letzten Jahren nicht verändert zu haben, dachte ich auf der Fahrt. Es gab immer noch überfüllte Busse, die sogar Menschen auf dem Dach transportierten, Kühe und Ziegen überquerten regelmäßig die Straßen, und wir wurden nach wie vor angestarrt, wenn wir uns in der Öffentlichkeit bewegten.

Links und rechts der holprigen Landstraße sahen wir immer wieder rauchende Schlote mit Tausenden roten Backsteinen davor. Hier wurden die Steine gebrannt, die Gazi für sein Haus peu à peu erworben hatte, erklärte er. Unser »Reiseleiter« saß auf der Rückbank hinter mir. Schon verrückt, dachte ich. Da sitzt ein Mensch, dem wir in den letzten rund dreizehn Jahren insgesamt etwa zehntausend Euro haben zukommen lassen. Eine stattliche Summe. Aber in diesem Moment spürte ich nur Dankbarkeit für das, was er uns gab. Wir waren jetzt gerade einmal vierundzwanzig Stunden hier und hatten schon so viel erlebt. Vielleicht konnte ich das alles auch mehr genießen als bei der ersten Reise, weil ich viel unbeschwerter mit dem Land und den Leuten umging. Martin empfand es genauso.

»Wie schön einfach nur aus dem Fenster zu schauen sein kann, oder?«, sagte er zu mir während der Fahrt und wirkte durch und durch zufrieden.

In der Mitte eines Kreisverkehrs auf dem Weg in Richtung Süden sah ich eine zwei Meter hohe Plastik – einen bengalischen Tiger. Wir näherten uns also den Mangrovenwäldern, wo die Tiere leben. Diesen Tag wollten wir aber bei Gazi zu Hause verbringen. Am frühen Mittag kamen wir in seinem Dorf an.

Kurz vor Gazis Haus verkündete die Anzeige in unserem Minibus siebenunddreißig Grad Außentemperatur. Der Weg zu seinem Grundstück war immer noch so schmal, dass nur ein einziges Auto Platz darauf fand.

Wir stiegen aus. Die Luftfeuchtigkeit war extrem, sogar die Optik des Kameramanns beschlug. An den Fußweg zu Gazis Hütte konnte ich mich noch gut erinnern. Raquibul/Martin kam uns lächelnd entgegen.

Als wir vor dem Eingang der Behausung standen, sah ich

ungläubig zu Martin. »Ist das die Stelle, wo damals die Wellblechhütte stand?«, fragte ich ihn. Er nickte nur und staunte ebenso wie ich. Anstelle der einfachen Bretterbude war ein großes, schönes gemauertes Haus getreten. Von außen und innen verputzt, zweigeschossig – sogar gemauerte Säulen säumten die Stufen, die zur Eingangstür führten. Dieses Haus würde kein Sturm der Welt so einfach hinwegfegen können, das war klar.

Gazis Residenz hatte eine weitere entscheidende Neuerung: Die Eingangstür konnte man mit einem Schloss sichern, und die Fenster waren durch Metallgitter einbruchsicher gemacht worden. Um das Haus herum hatte Gazi eine Art Früchtegarten angelegt. Mandarinenbäume, Kokospalmen, Guaven, es sah fantastisch aus.

»Is this your house?« Ich fragte Gazi zur Sicherheit noch einmal, ob das wirklich sein Haus sei. Er lächelte stolz und sagte: »Yes, this I built, many stones every month.« Ja, eine Menge Steine hätte er verbaut, jeden Monat.

Ich hatte erst einige Minuten zuvor das klimatisierte Auto verlassen, war aber bereits völlig durchgeschwitzt. Zum Teil, weil es so heiß war, aber auch, weil ich bei dem Anblick nicht so recht wusste, ob wir nicht doch viel zu viel überwiesen hatten in all den Jahren. Shovon, der wie viele andere Familienmitglieder auch gekommen war, um uns zu begrüßen, bot uns Kokosnüsse mit Strohhalmen an. Er hatte sie selbst hier im Garten von den Palmen gepflückt. Gazis Schwager kletterte zur Demonstration noch einmal einen der etwa zehn Meter hohen Bäume empor und schlug eine Nuss ab, die krachend neben einem Ast mit noch grünen Mangos zu Boden fiel. Willkommen in Gazis Dschungelparadies!

Ich konnte mich noch an das Haus des Bürgermeisters fast zwölf Jahre zuvor erinnern. Das hier stand jenem in puncto Größe und Schönheit in nichts nach.

Martins Blick verriet, was er dachte: Waren wir mit unserer Hilfe vielleicht über das Ziel hinausgeschossen?

Wir wollten damals, als der Zettel uns erreichte, dass Gazi aus einer Notlage gerettet wurde. Das hier war aber alles andere, als gerade einer Notlage entronnen zu sein. Es war ein stattlicher Bau in einer Umgebung, die dem Garten Eden glich.

Gazi bat uns herein und zeigte uns das Haus von innen. Hier relativierte sich der schöne Schein schon wieder etwas. Das mit den zwei Etagen stimmte nicht. Von außen sah es so aus, als ob beide Stockwerke bewohnbar seien. Tatsächlich galt das aber nur für das Erdgeschoss. Oben gab es lediglich eine ebene Betonfläche, auf der ein Wasserspeicher stand.

Die einzige bewohnbare Etage bestand aus zwei gefliesten Zimmern, einem Flur und einem Vorraum. Der Boden war sauber, in einer Ecke sah ich einen selbst gemachten Besen aus zusammengebundenen Zweigen. Die Wände hatte jemand einigermaßen fachmännisch verputzt und angestrichen – um die Steckdosen war allerdings noch keine Farbe angebracht worden, warum auch immer. Hier und da hingen Stromkabel lose von der Decke, und Bilder gab es immer noch keine an den Wänden. Als »fertig« nach unseren deutschen Maßstäben konnte man das Haus noch nicht bezeichnen. Und als luxuriös schon mal gar nicht. In Deutschland hätte man die Ausstattung als »sehr einfach« beschrieben. Aber immerhin gab es Strom und fließend Wasser.

»Guck mal, der Maurer hat sein Handwerk aber auch nicht richtig gelernt, oder?«, sagte ich zu Martin, als ich einige Risse in den Wänden entdeckte.

»Mmhh«, antwortete mein Mann. »Solche Risse können auch durch den sandigen Boden entstehen.«

»Erdbeben«, hörten wir Gazi auf Englisch sagen, der mitbekommen hatte, worüber wir sprachen. »Vor ein paar Monaten gab es in Indien und Bangladesch ein starkes Erdbeben, daher kommen die Schäden. Aber einstürzen kann das Haus nicht.« Dann führte er uns weiter.

In Gazis und Raijas Schlafzimmer standen ein Bett und ein kleiner Schrank. In dem Bett schliefen sie zu viert: Gazi, Raija, Raquibul/Martin und Richat.

»Wir liegen quer im Bett«, erzählte Raija, »sonst haben wir nicht genügend Platz.« Manchmal, wenn der Kleine sich nachts zu sehr bewegte, legte sie ihn auch auf eine Decke auf den Boden.

In einem weiteren Schlafzimmer, in dem die Mutter und einige Schwestern von Gazi schliefen, sah es genauso aus.

Im Vorraum sah ich einen Kühlschrank (!), einige schmucklose, überwiegend leere Regale und ein Waschbecken mit Wasseranschluss. Der Kühlschrank war recht neu, vielleicht drei Jahre alt. Gazi zeigte uns, was er darin aufbewahrte: Zwei Flaschen Trinkwasser, vier halbe Kokosnüsse und eine aufgeschnittene Melone waren der gesamte Inhalt!

In einem schmucklosen Anbau befand sich die Küche. Sie hatte immer noch keine richtigen Wände, sondern blau angestrichene Wellbleche als Begrenzung, damit sich die Tiere nicht bedienten. Die Küchenzeile bestand aus zwei Kochstellen, die mit Holz erhitzt wurden, und Ablageflächen für

Reis, Gemüse und vor allem ein halbes Dutzend großer, zerbeulter Wasserkaraffen aus Metall.

Gazi erzählte uns, dass Raija meistens diejenige sei, die kochte. In der Regel gäbe es morgens, mittags und abends das Gleiche: Reis mit Gemüse. Er zeigte uns eine Auswahl des Vorrats: einen großen Eimer voll rohem Reis, Kartoffeln, Bohnen und eine grüne Gemüseart, die ich nicht kannte. Sie sah aus wie Mini-Zucchini. Manchmal gäbe es aber auch Fleisch, Huhn oder Rind. Das letzte Mal sei aber schon einige Wochen her, erzählte der Hausherr.

Der Abschluss der Hausführung bestand in der Besichtigung des Daches.

Achttausend Steine habe er bisher verbaut, erzählte er. Die hätten ihn umgerechnet etwas mehr als tausendfünfhundert Euro gekostet. Die Bauzeit für das ganze Haus betrug insgesamt vier Jahre – was für die Verhältnisse vor Ort als durchaus zügig bezeichnet werden konnte. Gazi hatte Maurer und Elektriker für die Arbeiten beauftragt und als Hilfsarbeiter mit angepackt. Er und Raija hätten während der Zeit bei ihren Eltern gewohnt.

Unser erster Eindruck, dass diese »Villa« ein Beleg dafür war, zu leger mit unseren Zahlungen an Gazi umgegangen zu sein, hatte sich nicht bestätigt.

»Im Grunde wollten wir ja genau das«, sagte Martin. »Er sollte sich etwas aufbauen, damit seine Familie sicher und menschenwürdig leben kann. Der Unterschied zu damals ist natürlich riesig. Aber ein Kühlschrank ist für mich noch kein Zeichen von verschwenderischem Lebensstil.«

Wir setzten uns mit Gazi und Raija auf Plastikstühle in den Garten. Die Stimmung war gelöst.

Wo wir saßen, stand eine eiserne Handpumpe, mit der Gazis Familie Trinkwasser aus der Tiefe nach oben beförderte. Ich probierte einige Schlucke davon – es schmeckte nicht schlecht.

Gazi erzählte, womit er seine Zeit verbrachte. Währenddessen malte Raija mir ein Henna-Tattoo auf meine rechte Handinnenfläche. Sie selbst hatte dieses Mal ihre jeweils äußersten Fingerglieder komplett rot gefärbt.

»Wie sieht es denn mit Arbeit aus, Gazi?«, fragte Dirk ihn sehr direkt. Im Grunde war das eine der Kernfragen, die auch uns interessierte.

Ab und zu, wenn Hilfe benötigt würde, arbeite er immer noch bei einer Fischfarm, erzählte er. Er passte dort nachts auf, dass niemand Fisch stahl. Als Lohn bekam er dafür kein Geld, sondern Fisch. Den verkaufte er dann auf einem Markt in der Nähe.

»Immerhin«, war mein erster Gedanke. Wir wussten ja bereits, dass er in Dhaka, aufgrund der Distanz, nicht arbeiten wollte. Und hier bei ihm in der Nähe gab es angeblich nichts anderes als die Fischindustrie. Ob das so stimmte, weiß ich nicht.

»Wahrscheinlich ist da etwas dran, aber wenn er kein Geld von uns bekäme, würde er sicher irgendwo eine Stelle finden«, mutmaßte Martin.

»Außerdem verkaufen wir Früchte aus unserem Garten auf dem Markt. Kokosnüsse, Guaven und Mangos«, berichtete Gazi voller Stolz. »Dafür habe ich den Garten ja extra angelegt. Die Früchte wachsen aber nicht das ganze Jahr über.«

Wie viel Umsatz er als Verkäufer machte, konnte er nicht sagen. Aber jede Einnahme würde helfen.

Zwei seiner Brüder verdienten mit Fischen ihr Geld. Einer arbeitete, wie Gazi, bei einer Fischzucht, ein anderer war Fischer auf einem Boot in der Bucht von Bengalen.

Raija hat zwar einen Uni-Abschluss, kümmerte sich aber zurzeit um ihr Baby und konnte nicht arbeiten. Warum sie allerdings in den Jahren zwischen den Geburten der Kinder nichts zur Familienkasse beigesteuert hatte, erfuhren wir nicht.

Gazi werkelte ansonsten viel an seinem Haus, half Raquibul/Martin bei den Schulaufgaben und war für seine Familie da.

Für Martin und mich war es natürlich besonders wichtig zu erfahren, wie sich Gazi seine Zukunft vorstellte. Er drückte sich bemerkenswert fatalistisch aus: »Zurzeit habe ich Glück, dass ich die Unterstützung von euch bekomme. Wenn dieses Glück irgendwann einmal endet, wird sich auch meine Lebenssituation ändern.« Anders ausgedrückt: Er würde erst wieder regelmäßig arbeiten gehen, wenn wir die finanzielle Unterstützung einstellten – sofern er dann eine Stelle fand.

Er warf uns einen vielsagenden Blick zu, der Dankbarkeit ausdrückte. Ich meine aber auch herausgelesen zu haben, dass er sich bewusst darüber ist, dass es nicht ewig so weitergehen wird.

Unser Jahr Spendenpause war als Warnschuss sicherlich nicht falsch, dachte ich in dem Moment.

Mein Handtattoo war mittlerweile fertig. Dort sah man nun für einige Tage die Namen Raija und Claudia. Ein Glückssymbol hatte sie daneben auch noch verewigt.

Irgendwann an diesem Nachmittag lag ich mit Gazis Frau auf ihrem Bett im Schlafzimmer. Das nächste Gewitter kündigte sich an. Die Bäume bogen sich im Wind, und in der Ferne konnten wir Blitze sehen.

Zwischen uns lag ihr Baby. Wir unterhielten uns, so gut es ging, über die Geburt, das Haus und unsere Reise.

Ich fragte sie, ob das Lederband, das Gazi am Oberarm trug, eine Art kulturelles Symbol sei. Sie lachte nur und erwiderte: »Nein, nein, er findet das Ding einfach schick.«

Es war nur eine kleine Anekdote, aber für mich war es vor allem ein Moment, in dem sie nicht verschüchtert war, es keine Barriere zwischen uns gab, ausgelöst durch die Tatsache, dass diese Familie über viele Jahre hinweg Geld von uns empfing. Es war einfach ein Augenblick von Zwanglosigkeit.

Raquibul/Martin erzählte uns später, dass er mittlerweile die vierte Klasse besuchte. Er zeigte uns seine blaue Schuluniform, in der er jeden Morgen rund eine Stunde zu Fuß zur Schule ging. Seine Lieblingsfächer seien Englisch und Bangladeschisch. Als wir ihn baten, einige Sätze auf Englisch zu verfassen, waren wir positiv überrascht: Absolut fehlerfrei schrieb er einen Satz nach dem anderen – und er hatte sogar eine ansehnliche Handschrift. Er schrieb zwar keine komplizierten Geschichten, aber uns freute es trotzdem zu sehen, was er gelernt hatte:

Good morning Mr. teacher.
In the morning I eat rice.
In our class are 60 students.

Auf meine Frage, ob man bei so vielen Schülern in der Klasse überhaupt guten Unterricht machen könne, erwiderte er: »Es sind ja immer nur rund die Hälfte anwesend. Der Rest bleibt zu Hause oder arbeitet irgendwo anders.«

Martin und ich waren einfach nur froh, dass immerhin er eine vernünftige Bildung bekam!

Ich fragte mich, warum Raquibul/Martin so wenig auf Englisch mit uns sprach. Tatsächlich ging er jetzt etwas mehr aus sich heraus, vielleicht, weil er merkte, dass wir beeindruckt waren. Er erzählte uns davon, dass in seiner Schule mehr Kricket als Fußball gespielt würde. Sogar einen Berufswunsch konnte er bereits äußern: Er wollte gern Computeringenieur werden.

Apropos Übersetzungen: Ich fragte Niloy in einer ruhigen Minute, ob die Formulierung »Take my best love«, die Gazi in jedem Brief und in jeder Online-Nachricht gebrauchte, in Bangladesch gängig sei. Er kannte sie auch nicht. Vielleicht hat Gazi eine ähnliche Formulierung irgendwo gelesen und falsch übernommen. Ich denke, er will damit einfach Herzlichkeit ausdrücken, daher ist es mir in dem Fall herzlich egal, wie korrekt sein Englisch ist.

»Was sagst du denn zu dem, was Gazi sich hier aufgebaut hat?«, fragte ich Martin am späten Nachmittag. Mein Mann hatte sich, genau wie ich, Gedanken darüber gemacht. »Eigentlich ist es ja genau das, was wir erreichen wollten. Er lebt in einem Haus, das sicher ist. Raquibul geht regelmäßig zur Schule, und der Familie scheint es insgesamt besser zu gehen. Er muss es in Zukunft nur schaffen, regelmäßiger eigenes Geld zu verdienen.« Genauso sah ich es auch.

Wir nahmen Gazi zur Seite und erklärten ihm unsere Sichtweise. Er solle versuchen, durch eigenes Einkommen seine Familie zu ernähren. Er könne in Notsituationen immer auf uns zählen, aber unsere regelmäßigen Zahlungen würden wir irgendwann einstellen.

Er reagierte verständnisvoll darauf. Meine große Hoffnung war, dass er unsere Worte auch verinnerlichte.

Ich bekam mit, wie Dirk Gazi während eines Interviews am Schluss fragte, was das Beste sei, das der Familie durch uns widerfahren sei. Seine Antwort berührte mich bis ins Innerste. Er sagte leise, aber deutlich: »Without them, my first son wouldn't be here.« Sein erster Sohn wäre sonst nicht hier …

Es wurde Zeit, uns von der Familie zu verabschieden – außer von Gazi. Er wollte uns am nächsten Tag noch den Nationalpark zeigen. Dort, so sagte Raija zum Abschluss, wäre sie noch nie gewesen. Sie hatte Angst davor, ein Schiff zu betreten – und die Tiger waren ihr auch nicht geheuer. Wir umarmten jeden einzelnen der Anwesenden zum Abschied.

Ich drückte das Baby ein letztes Mal, dann fuhren wir los.

22

Die Klauen des Tigers

Gazi telefonierte aufgeregt auf der hinteren Sitzbank des Minivans. Nach einigen Minuten fragte ich Niloy, was los sei. Er sagte, Gazi spreche mit dem Klinik-Manager. Es ginge immer noch um die Kosten für die Geburt.

Gazi wirkte auf mich ernsthaft verärgert, was ich gut verstehen konnte, denn zum einen war viel Geld im Spiel, zum anderen stand er aus seiner Sicht vor uns als Lügner da. Aber genau das wollte er um alles in der Welt vermeiden.

»Ich bitte euch, mir zu glauben. Ich würde euch nie anlügen.« Seine Worte klangen flehentlich. So, wie er schaute, hatte ich keinen Zweifel, dass er die Wahrheit sprach.

Bis zum Ende unserer Reise gab es in der Sache mit der Klinik keine Einigung.

Gazi hatte dementsprechend schlechte Laune, als wir den letzten Programmpunkt ansteuerten: den Bootshafen in Mongla, eines kleinen Fischerdorfes, wo das Naturschutzgebiet der Sundarbans beginnt.

Mongla ist das Nadelöhr, durch das alle müssen, die zum wichtigsten touristischen Ziel Bangladeschs gelangen möchten. Touristen sah ich hier aber keine, dafür eine Art

Hafenbaustelle mit einigen Bretterbuden, wo es Getränke und Snacks gab. Entweder besuchen diesen Ort deshalb so wenige, weil die Infrastruktur so schlecht ist, oder es ist umgekehrt. Jedenfalls gab es hier nicht einmal Schilder auf Englisch. Ohne Gazi wären wir aufgeschmissen gewesen.

Als er dort mit seinem grünen Rucksack von Hütte zu Hütte ging, um uns ein kleines Fährboot zu besorgen, sah er aus wie ein richtiger Reiseleiter. Dirk und der Kameramann spielten derweil Kricket mit ein paar einheimischen Jungs, während Martin und ich versuchten, uns an einer Umgebungskarte Orientierung zu verschaffen.

Das von Gazi organisierte Boot, das uns über das Flussdelta bis nach Koromjol, einer Rangerstation, bringen sollte, sah aus wie eine alte chinesische Dschunke mit einem roten Stoffdach. Unser Bootsführer trug einen Wickelrock und ein geripptes weißes Trägershirt.

Als es endlich losging, fühlte ich mich, obwohl das Boot alles andere als luxuriös ausgestattet war, wie auf einem Inseltrip in der Südsee. Der frische Wind, die fantastische Aussicht, die Erwartung auf unser letztes Abenteuer hier – besser hätte der Augenblick für mich nicht sein können.

Gazi hatte den ganzen Ausflug für uns organisiert, wir mussten uns um nichts kümmern, und so fühlte ich mich jetzt doch wie im Urlaub.

Es gäbe dort, wo wir hinfuhren, eine Menge wilder Tiere, erklärte Gazi, der sich nach dem Telefonat wieder beruhigt hatte: Affen, Krokodile, Warane und natürlich bengalische Tiger. Dazu eine bestimmte Art Rehe, die ich hier niemals vermutet hätte. Auf die Affen sollten wir aufpassen, die wären ziemlich frech und würden den Menschen alles Mögliche aus der Hand reißen – Handys, Kekse, sogar Handtaschen wären nicht sicher vor ihnen.

Der Fluss, auf dem wir fuhren, endete rund hundert Kilometer stromabwärts im Indischen Ozean. Rechts von uns sahen wir einige von Menschen bewohnte Hütten. Kinder spielten am Flussufer. Sie winkten uns zu. Für diese Menschen, so Gazi, sind die Tiger keine Touristenattraktion, sondern eine reale Gefahr.

Nach etwas über einer Stunde Fahrt legten wir am Ufer an. Wir waren erst wenige Schritte an Land, da liefen schon die ersten Rhesusaffen auf uns zu. Einer der Ranger hier in Koromjol wohnte in Gazis Nachbarschaft. Die zwei schienen sich gut zu kennen. Er begrüßte uns freundlich und erklärte, die Tiger kämen selten aus den dichten Mangroven bis hierher, wir sollten uns nicht sorgen. Und wenn, dann gehörten Menschen nur in Ausnahmefällen zu ihrem Beuteschema, sie mochten lieber Rehe.

»Hoffentlich halten sich die Tiger auch daran«, unkte mein Mann.

Wir standen vor einer Vitrine, in der eine Reliefkarte der Umgebung abgebildet war. Dazu hatten die Ranger fünf Tigerkrallen und einige Krokodileier ausgestellt.

Die Tour konnte losgehen.

Plötzlich sah ich, wie ein Affe Niloy eine Flasche Cola aus der Hosentasche zog. Er war blitzschnell sein Bein hochgeklettert und lief nun mit der Flasche ein paar Meter zur Seite. Allem Anschein nach war das nicht das erste Mal: Der Drehverschluss stellte für das Tier überhaupt kein Problem dar. Er goss die süße Flüssigkeit schubweise auf den Boden und trank aus der Pfütze.

Ich steckte die Hände in die Taschen und umfasste meine Wertsachen noch etwas fester.

Ein zweistündiger Rundgang führte über Holzbohlen durch die Mangrovenwälder, die den Nationalpark ausmachen. Der Weg war so angelegt, dass man etwa einen Meter über dem Lehmboden schritt. Man konnte sich an Geländern festhalten, einen Schutz gegen Tiere gab es nicht.

»Wenn es an dieser Stelle zu Tigerangriffen kommen würde, dürften wir mit Sicherheit nicht einfach hier entlanggehen«, sagte ich nach einer Weile leise zu Martin. Dennoch: Die Umgebung war reine Wildnis. Kleine rote Krebse bauten sich zu Tausenden Gänge durch den ständig feuchten Untergrund. Auch Krokodile sollte es geben. Die Vorstellung, hier wirklich so große, gefährliche Tiere zu sehen, war für mich abwegig. Ich dachte, der Rundgang sei nur dazu da, um Touristen anzulocken.

Ich hatte den Gedanken noch nicht zu Ende gebracht, da zeigte Martin plötzlich aufgeregt nach rechts. Dort führte ein kleiner Fluss entlang, rund zehn Meter von unserem Weg entfernt. An der Uferböschung bewegte sich etwas. Ich konnte einen Schwanz ausmachen, der nach dem einer Panzerechse aussah. Martin und ich warfen uns einen ernsten Blick zu. Das Tier bewegte sich langsam aus dem Gestrüpp in Richtung Wasser. Dann sahen wir es für einige Augenblicke im Ganzen: Ein Krokodil war es nicht, sondern ein etwa drei Meter langer Bindenwaran. Diese Tiere hätte ich auf den Galapagos-Inseln vermutet, aber hier? Die Echse tauchte langsam ab und war verschwunden.

Auch wenn diese Spezies für uns weniger gefährlich ist als echte Krokodile, war uns spätestens jetzt bewusst, wie weit wir von der Zivilisation entfernt waren. Ab diesem Erlebnis blieben wir alle etwas dichter zusammen.

In einigen Hundert Metern Entfernung sahen wir einen Aussichtsturm. Wir waren gerade auf dem Weg dorthin, als plötzlich von irgendwoher ein Rhesusaffe auf Gazis Schulter sprang und versuchte, ihm den Rucksack zu entreißen. Wahrscheinlich vermutete er darin etwas Essbares. Gazi zerrte an seiner Tasche, versuchte den Affen wegzustoßen. Niemals hätte ich gedacht, welche Kraft solch ein Tier entwickeln kann, das nicht mehr wiegt als ein mittelgroßer Hund. Nach einigen Sekunden gab der dreiste Dieb auf und rannte wieder in die Büsche.

Nach dieser Attacke kamen mir Gedanken, wie wir wohl in einigen Jahren über diese Zeit sprechen und welche Erinnerungen mir im Gedächtnis bleiben würden. Ich bin mir sicher, dass diese einzigartigen Stunden in den Sundarbans etwas sein werden, wovon wir später unseren Enkelkindern erzählen werden.

Der Aussichtsturm war nicht mehr als ein ummauertes Treppenhaus. Oben hatte man einen fantastischen Ausblick über die Mangrovenwälder.

Martin und ich setzten uns auf dem höchsten Punkt auf eine Bank und genossen die Aussicht. Direkt vor uns stand Gazi, dessen Blick ebenso in die endlose grüne Weite schweifte. Ich hätte gern gewusst, was in dieser Sekunde in ihm vorging, wollte den Moment aber nicht unterbrechen. Er sah glücklich aus, hier über den Baumwipfeln, das genügte mir. Ich war es auch. Diese Erlebnisse würde uns niemand mehr nehmen.

Einem Tiger sind wir bis zum Ende dann doch nicht begegnet. Aber die Gewissheit, ihnen so nahe gekommen zu sein, war für mich Abenteuer genug.

Kurz bevor das nächste Gewitter nahte, erreichten wir wieder das Festland. Wir fuhren durch prasselnden Regen zurück nach Khulna. Martin und ich wollten Gazi zum Abschluss der Reise noch zum Essen einladen.

Als der Fahrer am Straßenrand im Nirgendwo anhielt, um uns eine Pause zu gönnen, stiegen wir alle aus und streckten uns. Ich nutzte die Gelegenheit, um mich schon einmal bei unserem Reiseführer zu bedanken. Ich empfand die Bangladesch-Rundreise von vorne bis hinten als gelungen und wollte Gazi einfach meinen Respekt zollen.

»Thank you, Gazi, for everything you did for us. Thank you very much. These have been very special days for us.«

Gazi schaute mich an, und plötzlich sah ich, wie seine Augen feucht wurden. Er senkte den Blick, verdeckte sein Gesicht mit den Händen und schluchzte minutenlang wie ein kleines Kind.

»Was ist denn los, Gazi?«, fragte ich und nahm ihn leicht in den Arm. Er lehnte den Kopf an meine Schulter und war genauso aufgelöst wie ich fast zwölf Jahre zuvor.

»Ich muss mich doch bedanken«, entgegnete er.

»Ohne euch würde es meine Familie gar nicht geben. Ich habe euch alles zu verdanken. Warum dankt ihr dann mir?«

23

Abschied – für immer?

In einem kleinen Bistro an einer vielbefahrenen Straße in Khulna aß Gazi an diesem Abend zum ersten Mal in seinem Leben ein Stück Pizza.

Er hatte darauf gedrängt, dass wir die Pizza auswählen. Niloy wiederum hatte uns darauf hingewiesen, besser eine ohne Pilze zu bestellen. Pilze hätten viele Menschen der Landbevölkerung noch nie gegessen, sie würden daher Magenprobleme davon bekommen.

Um sicherzugehen, hatten wir Gazi also eine Pizza Margherita bestellt. Wir hofften, dass er sie nicht nur aus dem Grund aß, um uns nicht zu beleidigen. Einige Tage zuvor hatten wir Kindern ein paar Lakritz-Bonbons angeboten, die sie zunächst dankend annahmen. Als Martin sich aber nach unserer Verabschiedung noch einmal umdrehte, sah er, wie die Kinder ihre Gesichter verzogen und die Süßigkeiten wegschmissen.

»I like Pizza«, war das Einzige, was Gazi sagte, als er aufgegessen hatte. Ich hoffte, dass das stimmte.

Wir unterhielten uns noch ein, zwei Stunden in dem Bistro, wie bei einem ganz normalen Kaffeetrinken mit Freunden in Wesseling.

Gazi erzählte vor allem aus seiner Kindheit, von seinen Eltern und wie sich das Land seitdem verändert hatte. Wir hörten, dass er als Kind glücklich war, auch wenn er sich an Zeiten erinnern konnte, als es den Eltern wochenlang nicht gelungen war, ihren Kindern genug zu essen zu beschaffen. Das war damals halt so, kommentierte er trocken.

Wir erzählten auch aus unserem Leben, über unsere Haustiere, von unseren Kindern. Wer gerade gut in der Schule war oder was sich unsere vier für ihre Zukunft vorstellten. Ich genoss diese letzten Momente sehr. Jegliche Distanz zwischen uns war mittlerweile verschwunden. Was ich mir am meisten gewünscht hatte, war eingetreten: Wir begegneten Gazi als Freund, auf Augenhöhe.

Langsam wurde es Zeit, Abschied zu nehmen. Wir merkten, dass dies nicht nur uns schwerfiel. Auch Gazi zögerte den Moment immer weiter hinaus.

Martin und ich waren überglücklich darüber, mit ihm so viel Zeit verbracht zu haben. Noch mehr freute uns, wie sich die Beziehung unserer Familien entwickelt hatte. Jetzt, für wie lange auch immer, wieder Abschied nehmen zu müssen tat einfach weh.

Gegen acht Uhr abends nahmen zunächst Martin, dann ich vor dem Eingang des Lokals Gazi ein letztes Mal in den Arm. Wir vergossen zahlreiche Tränen. Ich sagte zum Abschied mit stockender Stimme: »You have two families now. One in Bangladesh and one in Germany.«

Er nickte, sagte nur »Yes«.

Während Gazi sich mit seinem Rucksack zu Fuß über den Bürgersteig immer weiter von uns entfernte, blickte er sich mehrmals um und winkte. Ich sah, dass er immer noch weinte, bis er im Getümmel seiner Landsleute verschwunden war.

Wenig später saßen wir im Auto und begannen unsere Rückreise. Ich blickte aus dem Fenster. Durch die Regentropfen nahm ich die Umrisse der Stadt nur noch verschwommen wahr.

Nachwort

Endet unser kleines Märchen nun mit einem Happy End? Ich möchte es so formulieren: Wenn man uns fragen würde, ob sich die ganze Geschichte bisher für uns gelohnt hat, müsste ich nicht lange überlegen – ich würde es mit einem klaren Ja beantworten.

Rein finanziell gesehen sieht die Sache so aus: Alles in allem haben wir Gazi innerhalb von zwölf Jahren etwa zehntausend Euro zukommen lassen. Das ist eine Menge Geld.

Dafür haben wir etwas bekommen, das unbezahlbar ist. Wir hätten nie im Leben einen so intensiven Einblick in diese fremde Welt erhalten wie durch ihn. Die Verbundenheit mit Gazi, vor allem die Momente vor Ort, in seinem Haus, seiner Umgebung, werden wir nie vergessen.

Wir haben uns in dieses Land und die Menschen dort verliebt. Wenn wir in Rente gehen, haben Martin und ich uns vorgenommen, jedes Jahr für einige Monate nach Bangladesh zu fliegen, um freiwillige soziale Arbeit zu leisten. Genügend zu tun wird es dann immer noch geben, da bin ich mir sicher.

Und ob sich der Zettel für Gazi gelohnt hat? Vielleicht ist das sogar schwieriger zu beantworten. Man könnte vorschnell schlussfolgern, Gazi habe natürlich gewonnen, er hat ja Geld »fürs Nichtstun« bekommen, damit seine Familie ernährt und sicherlich auch Schulden zurückgezahlt. Aber ich denke, so einfach ist es nicht.

Wenn nicht irgendein Wunder geschehen wäre, hätte er die Summe, die wir ihm gezahlt haben, niemals in dieser Zeit verdienen können. Somit geht es ihm wirtschaftlich gesehen heute besser als vor der Sache mit dem Zettel. Aber unsere Hilfe hatte für ihn auch Nachteile: Ihm wurde vor Augen geführt, wie ungerecht die Welt ist. Sosehr er sich auch anstrengt – eine Urlaubsreise, wohin auch immer, wird für ihn niemals möglich sein. Das gilt natürlich auch für andere Dinge, die in seiner Welt einen allzu großen Luxus darstellen. Auch haben wir, ohne dass wir es wollten, Gazi in eine Art mentaler Abhängigkeit gebracht. Mehr als zehn Jahre lang eine Summe zu erhalten, die man sonst nur in einer guten Position in seinem Land verdienen kann, wird seine Motivation, sich eine geregelte Arbeit zu suchen, nicht gesteigert haben. Gazi hat ohne Zweifel ein Talent dazu, Dinge zu organisieren. Er ist schlau, für bangladeschische Verhältnisse gebildet und gesund. Eigentlich sollte es für jemanden wie ihn auch bei den schwierigen wirtschaftlichen Verhältnissen seiner Provinz möglich sein, eine gute Stelle zu finden und aus seiner Arbeit Selbstwertgefühl und Bestätigung zu ziehen. Wobei man sich immer wieder vor Augen führen muss, dass Karriereträume für Menschen in seiner Umgebung bei einem Verdienst von zwei Euro am Tag enden.

Und doch hat auch er durch uns Dinge erlebt, die für ihn sicherlich einzigartig sind. Seine Erlebnisse mit uns, da gibt es für Martin und mich keine Zweifel, haben ihn selbstbewusster gemacht. Auch konnten wir bei unserem zweiten Besuch feststellen, dass sein Ansehen innerhalb der Dorfgemeinde gewaltig gestiegen ist.

Was gewesen wäre, hätte er die Nachricht nicht geschrieben, steht in den Sternen. Aber unterm Strich hat Gazi es meiner Meinung nach nicht bereut, den Zettel in das Hemd gesteckt zu haben.

Sein Haus wird zudem heute nicht mehr bei jedem zweiten Sturm zerstört. Seine Kinder erhalten Bildung, und nicht zu vergessen: Vielleicht hätte er ohne uns gar keinen Nachwuchs.

Wir werden häufig gefragt, was man denn tun könne, um die Arbeitsbedingungen der Näherinnen und Näher in den »garment factories« zu verbessern. Nach allem, was ich weiß, ist es nicht so einfach, ausschließlich sozial verträgliche Kleidung zu erwerben.

Man kommt schnell auf den Gedanken, teure Kleidung könnte die Lösung sein. Nach dem Motto: Hersteller, die viel Geld einnehmen, werden schon dafür sorgen, dass die Näherinnen auch gut bezahlt werden. Nur: Diese Rechnung geht leider nicht immer auf.

Exklusive Markenhersteller gönnen sich nach unseren Recherchen oft schlichtweg eine höhere Gewinnmarge. Die Arbeiter in den Fabriken nähen an einem Tag T-Shirts für drei Euro, am nächsten welche für dreißig Euro. Sie selbst erhalten den gleichen Stundenlohn. Ob Edelboutique oder Massenware – nach allem, was wir wissen, ist der Preis kein eindeutiges Indiz dafür, unter welchen Arbeitsbedingungen Textilien hergestellt werden. Dabei soll aber nicht unerwähnt bleiben, dass die Industrie häufig die immer gleiche Ausrede parat hat: »Der Kunde will halt immer nur billig, billig, billig.« Daher könnten die Auftraggeber den Fabriken in den Entwicklungsländern auch nicht mehr zahlen. Wer nicht möchte, dass diese Argumentation greift, sollte tatsächlich nicht auf jeden Cent beim Shoppen schauen. Denn eines ist auch klar: Wer glaubt, T-Shirts für drei Euro könnte man produzieren, ohne dass die Arbeiter oder die Umwelt darunter leiden, ist auf dem Holzweg.

Ein anderes Beispiel zeigt, wie schwer es ist herauszufinden, in welchem Land ein Kleidungsstück überhaupt gefertigt wurde. Wer darauf Wert legt, nur in Europa hergestellte Kleidung zu kaufen, hat es nicht leicht.

Ist in einem Oberhemd etwa das Herstellungsland Bulgarien oder die Türkei angegeben, heißt das noch lange nicht, dass das Hemd wirklich dort gefertigt wurde. Eventuell ist nur der letzte Arbeitsschritt, zum Beispiel das Annähen der Knöpfe, dort geschehen, die Hauptarbeit aber wurde etwa in China geleistet. Trotzdem dürfen die Hersteller »Made in Turkey« dort hineindrucken.

Noch absurder: In Italien sind inzwischen zahlreiche chinesische Textilhersteller ansässig, die ausschließlich Chinesen dort arbeiten lassen – häufig illegal. Wer also stolz darauf ist, gerade einen Anzug »Made in Italy« gekauft zu haben – so einfach ist das nicht mit »fairer« Kleidung.

Dann ist da noch das Thema Gütesiegel. Ich bin mir sicher, dass es welche gibt, die ihren Zweck erfüllen – nämlich garantieren, dass das gekaufte Kleidungsstück aus ökologischen Materialien gefertigt oder unter »fairen« Bedingungen hergestellt wurde.

Bei Babysachen für unser erstes Enkelkind haben wir bewusst darauf geachtet, dass die Erstausstattung vom deutschen TÜV schadstoffgeprüft war.

Aber: Es ist für Menschen, die sich auch noch mit anderen Dingen auseinandersetzen als der Herkunft der Kleidung, alles andere als einfach herauszufinden, was jedes einzelne Siegel im Kern bedeutet und ob es vertrauenswürdig ist.

Die Anzahl der Zertifikate übersteigt die der Bekleidungsgeschäfte in unserer Stadt bei Weitem. Ich bewundere Menschen, und das meine ich wirklich ernst, die sich eingehend mit diesen Siegeln beschäftigen und vielleicht ehrenwerter handeln als wir. Und womöglich machen wir es uns auch zu einfach, wenn wir sagen, wir sind nur eine ganz normale Familie aus Wesseling, die froh ist, über die Runden zu kommen. Und die sich nicht bei jedem Produkt, das sie kauft, die Zeit nehmen kann, Herkunft, Verarbeitung, Vermarktung und den ökologischen Fußabdruck genau zu recherchieren.

Unterm Strich finde ich, dass dieses Problem auf höherer Ebene gelöst werden muss, auch wenn das aufgrund verschiedener Interessen der beteiligten Länder sicherlich kompliziert ist. Ganz abgesehen davon bleibt die Tatsache bestehen, dass Textilarbeiterinnen in Ländern wie Bangladesch, Indien, China oder Eritrea lieber schlecht bezahlte Arbeit haben als gar keine.

Es ist und bleibt ein Dilemma: Kaufen wir Kleidung aus Billiglohnländern, unterstützen wir das System. Kaufen wir sie nicht, verlieren die Menschen ihre Arbeit und damit die Existenzgrundlage.

Eines ist mir abschließend noch wichtig: Unsere Geschichte soll nicht als Aufforderung gesehen werden, dass sich Leser genötigt fühlen, ebenfalls Geld nach Bangladesch zu spenden. Ich denke nicht, dass sich eine Gesellschaft zum Besseren hin entwickelt, wenn die Menschen in eine Abhängigkeit ohne Gegenleistung fallen. Und doch würde ich die meisten Dinge, die wir getan haben, wieder so tun. Weil ich denke, dass unsere Beziehung zu Gazi und seiner Familie einzigartig ist.

Nach unserem Empfinden haben wir jetzt eine Zweitfamilie im Süden von Bangladesch. Wir sind uns der Verantwortung, die das mit sich bringt, bewusst. Vor allem aber genießen wir es, Menschen gefunden zu haben, die unser Leben so sehr bereichert haben – die es uns ermöglichen, davon zu träumen, irgendwann wieder zu Gazi zu reisen.

Danksagung

Beginnen möchte ich meinen Dank mit einem Zitat von Georg Moser: »Der Dank ist das edle Eingeständnis unserer Grenzen. Wir sind alle aufeinander angewiesen, und dies äußert sich im menschenwürdigen Geben und Nehmen, im Bitten und Danken.« Denn es passt zu unserer Geschichte genauso wie zu diesem Buch.

Hätte mir vor einem Jahr jemand gesagt: »Hey, du schreibst ein Buch über eure Geschichte«, den hätte ich glatt für verrückt erklärt.

Aber jetzt ist es fertig, und ich bin mächtig ergriffen. Dass dieses, unser erstes Buch, so wie es vor Ihnen liegt, erscheinen konnte, dazu gehören viele liebe Menschen und denen gehören mein allergrößter Dank und meine Wertschätzung.

DANKE an den Blanvalet-Verlag, der uns ermutigt hat, diese Geschichte aufzuschreiben.

DANKE an Wiebke Rossa, Kristin Rosenhahn und Angela Kuepper mit ihren Helfern, Lektoren, Setzern und Grafikern. Sie haben uns mit Rat und Tat zur Seite gestanden und unsere Ideen immer mit getragen.

Der größte Dank gilt aber Dirk Höner.

Nicht nur, dass ohne ihn und die Firma I & you die beiden Begegnungen mit Gazi und seiner Familie gar nicht möglich gewesen wären. Er hat auch dafür gesorgt, dass meine Gedanken und Erinnerungen in eine lesbare und vor allem geordnete Form gebracht wurden. Dieser »komische Kauz« war maßgeblich daran beteiligt, dass wir um viele Erlebnisse und eine neue »Familie« reicher geworden sind. Sein »Moin, geht's gerade oder störe ich?« bei unseren unzähligen Telefonaten während der Entstehungsphase dieses Buches werde ich sehr vermissen.

DANKE auch an meine Tochter Christina, die diese Hemden gekauft hat. Trotz des geringen Preises waren sie ein unbezahlbares Geschenk.

DANKE an meine ganze Familie, die während der gesamten Zeit hinter mir gestanden hat und steht und mich immer unterstützt.

DANKE an meinen Mann Martin, der bestimmt oft das Gefühl hatte, an zweiter Stelle zu stehen. »Muss ich mir demnächst einen Termin bei dir holen?« hörte ich ein paar Mal aus seinem Munde. Aber wer ihn kennt, weiß, dass er insgeheim ein bisschen stolz auf dieses Buch ist. Es ist halt seine Art, es auszudrücken, und dafür liebe ich ihn.

Zuletzt DANKE, Gazi. Für deinen Mut, diesen kleinen Zettel in einem Herrenhemd um die halbe Welt zu schicken.

Danke für die Einblicke und Eindrücke einer uns bis dahin fremden Welt und Kultur.

DANKE für zwölf Jahre Freundschaft. Ich bin stolz darauf, dich und deine Familie zu kennen.